Das Erste Englische Lesebuch für Anfänger

Lisa Katharina May

Das Erste Englische Lesebuch für Anfänger
Stufen A1 A2
Zweisprachig mit Englisch-deutscher Übersetzung

Das Erste Englische Lesebuch für Anfänger

von Lisa Katharina May

Audiodateien www.lppbooks.com/English/FirstEnglishReader_audio

Homepage www.audiolego.com

Umschlaggestaltung: Audiolego Design

Umschlagfoto: Canstockphoto

7. Ausgabe

Copyright © 2012 2017 2018 2019 Language Practice Publishing

Copyright © 2015 2018 2019 Audiolego

Alle Rechte vorbehalten. Das Werk ist urheberrechtlich geschützt.

Table of contents
Inhaltsverzeichnis

Anfänger Stufe 1A 7

Englisches alphabet 8

So steuern Sie die Geschwindigkeit der Audiodateien 13

Kapitel 1 Robert hat einen Hund 14

Kapitel 2 Sie wohnen in San Francisco (USA) 17

Kapitel 3 Sind sie Deutsche? 20

Kapitel 4 Können Sie mir bitte helfen? 24

Kapitel 5 Robert wohnt jetzt in den USA 28

Kapitel 6 Robert hat viele Freunde 31

Kapitel 7 David kauft ein Fahrrad 34

Kapitel 8 Linda will eine neue DVD kaufen 37

Kapitel 9 Paul hört deutsche Musik 40

Kapitel 10 Paul kauft Fachbücher über Design 43

Kapitel 11 Robert will ein bisschen Geld verdienen (Teil 1) 46

Kapitel 12 Robert will ein bisschen Geld verdienen (Teil 2) 49

Fortgeschrittene Anfänger Stufe A2 53

Chapter 13 The name of the hotel 54

Chapter 14 Aspirin 57

Chapter 15 Nancy and the kangaroo 60

Chapter 16 Parachutists 64

Chapter 17 Turn the gas off! 69

Chapter 18 A job agency 73

Chapter 19 David and Robert wash the truck (part 1) 77

Chapter 20 David and Robert wash the truck (part2) 81

Chapter 21 A lesson 85

Chapter 22 Paul works at a publishing house 88

Chapter 23 Cat rules 92

Chapter 24 Teamwork 96

Chapter 25 Robert and David are looking for a new job 100

Chapter 26 Applying to "San Francisco News" 105

Chapter 27 The police patrol (part 1) 109

Chapter 28 The police patrol (part 2) 114

Chapter 29 School for Foreign Students (SFS) and au pair 119

Wörterbuch Englisch-Deutsch 123

Wörterbuch Deutsch-Englisch 140

Die unregelmäßigen Verben 156

Wichtige Adjektive 162

Körperliche Eigenschaften 163

Gegenteile 164

Buchtipps 169

Anfänger Stufe 1A

Englisches Alphabet

Die englische Sprache wird im lateinischen Alphabet geschrieben. Es besteht aus denselben 26 Buchstaben, aus denen auch das deutsche Alphabet besteht. Sie werden jedoch anders ausgesprochen.

Sonderzeichen (außer: Apostroph, z.B. He'll...), Akzente und diakritische Zeichen kennt die englische Schrift nicht.

Buchstabe	Name	Aussprache (IPA)	Buchstabe	Name	Aussprache (IPA)
A	*a*	/eɪ/	O	*o*	/oʊ/
B	*bee*	/biː/	P	*pee*	/piː/
C	*cee*	/siː/	Q	*cue*	/kjuː/
D	*dee*	/diː/	R	*ar*	/ɑr/
E	*i*	/iː/	S	*ess*	/ɛs/
F	*ef*	/ɛf/	T	*tee*	/tiː/
G	*gee*	/dʒiː/	U	*u*	/juː/
H	*aitch*	/eɪtʃ/	V	*vee*	/viː/
I	*ei*	/aɪ/	W	*double-u*	/ˈdʌbljuː/
J	*jay*	/dʒeɪ/	X	*ex*	/ɛks/
K	*kay*	/keɪ/	Y	*wy*	/waɪ/
L	*el*	/ɛl/	Z	*zed*	/zɛd/, zee im Amerikanischen Englisch /ziː/
M	*em*	/ɛm/			
N	*en*	/ɛn/			

Vokalgruppen

En	De	Beschreibung	Beispiele
ai	ey	langes e, das in "i" übergeht	air (Lüft)
aw	oː	offenes, langes o	paw (Pfote)
ei	ey	langes e, das in "i" übergeht	eight (acht),

ei	ei	wie in Eifer	either [UK] (weder)
ei	i:	langes i, wie in Lied	deceit (Betrug)
ea	i:	langes i, wie in Lied	eat (essen)
ea	ä	offenes, kurzes ä	beaver (Biber)
ee	i:	langes i, wie in Lied	bee (Biene)
ie	ie	langes i, wie in Lied	believe (glauben)
ia	eia	das i (ei) und das a (ä) getrennt ausgesprochen	liability (Verpflichtung)
ia	iä	kurzes i und kurzes ä	billiard (Billard)
eu	ju	wie in jung	Euro (Euro)
ew	ju	wie in jung	new (neu)
ue	ju:	wie in jung	due (gültig)
oo	u	langes u, wie in Jugend	foot (Fuß)

Konsonantengruppen

En	De	Beschreibung	Beispiele
ch	tsch	wie checken	chat (Unterhaltung)
ch	k	wie Kranz	Chemical (chemisch)
ck	k	wie Nacken	lock (Schloss)
gh	f	wie in kaufen	laugh (lachen), enough (genug)
gh	-	ohne Betonung	through (durch)
ng	ng	wie springen	sing (singen)
qu	kw	wie Quitte, mit schwach betontem w	quit (beenden)
sh	sch	wie lauschen	cash (Bargeld)

sp	sp	ein echtes sp	sport (Sport)
st	st	ein echtes st	stock (Aktienkapital)
th		weicher Laut	the (der, die, das)
th		harter Laut	theater (Theater)

Die englischen Laute in der Internationalen Lautschrift

Vokale

	Beispiele	Aussprache
ʌ	nut [nʌt] come [kʌm]	leicht geschlossenes aber ungerundetes a
ɑː	start [stɑːt] park [pɑːk]	
æ	bat [bæt] cat [kæt]	
ə	printer [ˈprɪntə]	wie das End-e in Katze, bitte
e	pet [pet] get [get]	ä wie in Bär, Käse
ɜː	earn [ɜːn] firm [fɜːm]	etwa wie ir in Wirt, aber offener
ɪ	bin [bɪn] big [bɪg]	kurzes i wie in Tisch
iː	meet [miːt] sea [siː]	langes i wie in biegen
ɔ	box [bɔks] want [wɔnt]	
ɔː	door [dɔː] source [sɔːs]	wie oo in boot
ʊ	cook [kʊk] good [gʊd]	kurzes u wie in Nummer
uː	two [tuː] cool [kuːl]	langes u wie in Blut, aber offener

Vokale, silbig

	Beispiele	Aussprache
aɪ	bike [baɪk] kind [kaɪnd]	etwa wie ei in Rein
aʊ	house [haʊs] round [raʊnd]	
əʊ	home [həʊm] go [gəʊ]	von /ə/ zu /ʊ/ gleiten
eə	care [keə] bear [beə]	
eɪ	game [geɪm] day [deɪ]	
ɪə	dear [dɪə] beer [bɪə]	von /ɪ/ zu /ə/ gleiten
ɔɪ	oil [ɔɪl] boy [bɔɪ]	etwa wie eu in neu
ʊə	poor [pʊə] tour /tʊə/	

Konsonanten

	Beispiele	Aussprache
j	year [jɪə] few [fjuː]	wie j in Junge
w	want [wɔnt] way [weɪ]	
ŋ	gang [gæŋ] king [kɪŋ]	wie ng in lang
r	carry [ˈkæri] room [ruːm]	

s	sad [sæd] face [feɪs]	stimmloses s wie in Pasta
z	is /ɪz/ zero [ˈzɪərəʊ]	stimmhaftes s wie in Hase
ʃ	cash [kæʃ] station [ˈsteɪʃn]	wie sch in Schale
tʃ	chain [tʃeɪn] much [mʌtʃ]	wie tsch in Tschüss
ʒ	conclusion [kənˈkluːʒn]	
dʒ	jam [dʒæm] general [ˈdʒenrəl]	wie in Job
θ	month [mʌnθ] thanks [θæŋks]	
ð	this [ðɪs] father [ˈfɑːðə]	
v	drive [draɪv] very [ˈverɪ]	etwa wie w in wir

Betonungszeichen

- ː bedeutet, dass der vorhergehende Vokal lang zu sprechen ist
- ˈ Hauptbetonung (bedeutet, dass die nachfolgende Silbe betont gesprochen wird)
- ˌ Nebenbetonung (bedeutet, dass die nachfolgende Silbe betont gesprochen wird)

So steuern Sie die Geschwindigkeit der Audiodateien

Das Buch ist mit den Audiodateien ausgestattet. Die Adresse der Homepage des Buches, wo Audiodateien zum Anhören und Herunterladen verfügbar sind, ist am Anfang des Buches auf der bibliographischen Beschreibung vor dem Copyright-Hinweis aufgeführt.

Wir empfehlen Ihnen, den kostenlosen VLC-Mediaplayer zu verwenden, die Software, die zur Steuerung der Wiedergabegeschwindigkeit aller Audioformate verwendet werden kann. Die Steuerung der Geschwindigkeit ist auch einfach und erfordert nur wenige Klicks oder Tastatureingaben.

Android: Nach der Installation vom VLC Media Player klicken Sie auf die Audiodatei am Anfang eines Kapitels oder auf der Homepage des Buches, wenn Sie ein Papierbuch lesen. Wählen Sie "Open with VLC". Wenn Sie Schwierigkeiten beim Öffnen von Audiodateien mit VLC haben, ändern Sie die Standard-App für den Musik-Player. Gehen Sie zu Einstellungen→Apps, wählen Sie VLC und klicken Sie auf "Open by default" oder "Set default".

Kindle Fire: Nach der Installation vom VLC Media Player klicken Sie auf eine Audiodatei am Anfang eines Kapitels oder auf der Homepage des Buches, wenn Sie ein Papierbuch lesen. Wählen Sie "Complete action using →VLC".

iOS: Nach der Installation vom VLC Media Player kopieren Sie den Link zu der Audiodatei am Anfang eines Kapitels oder auf der Homepage des Buches, wenn Sie ein Papierbuch lesen, und fügen Sie ihn in den Download-Bereich des VLC Media Players ein. Nachdem der Download abgeschlossen ist, gehen Sie zu "Alle Dateien" und starten Sie die Audiodatei.

Windows: Starten Sie den VLC Media Player und klicken Sie auf die Audiodatei am Anfang eines Kapitels oder auf der Homepage des Buches, wenn Sie ein Papierbuch lesen. Gehen Sie nun in die Wiedergabe (Playback) und navigieren Sie die Geschwindigkeit.

MacOS: Starten Sie den VLC Media Player und klicken Sie auf die Audiodatei am Anfang eines Kapitels oder auf der Homepage des Buches, wenn Sie ein Papierbuch lesen. Nun, navigieren Sie zum Playback und öffnen die Optionen von Geschwindigkeit. Navigieren Sie die Geschwindigkeit.

1

Robert has a dog

Robert hat einen Hund

A

Words

Vokabeln

1. and [ænd] - und
2. bed [bed] - das Bett
3. beds [bedz] - die Betten
4. big [bɪg] - groß
5. bike [baɪk] - das Fahrrad
6. black [blæk] - schwarz
7. blue [bluː] - blau
8. book [bʊk] - das Buch
9. cat [kæt] - die Katze
10. dog [dɔg] - der Hund
11. dream [driːm] - der Traum
12. eye [aɪ] - das Auge
13. eyes [aɪz] - die Augen
14. four [fɔː] - vier
15. green [griːn] - grün
16. have [hæv] - haben; he/she/it has [hæz] - er/sie/es hat; He has a book. - Er hat ein Buch.
17. he [hiː] - er
18. his [hɪz] - sein, seine; his bed - sein Bett

19. hotel [həʊ'tel] - das Hotel
20. hotels [həʊ'telz] - die Hotels
21. I [aɪ] - ich
22. little [lɪtl] - klein
23. many ['menɪ] - viele
24. my [maɪ] - mein, meine, mein
25. new [njuː] - neu
26. nice [naɪs] - schön
27. nose [nəʊz] - die Nase
28. not [nɔt] - nicht
29. notebook ['nəʊtbʊk] - das Notizbuch
30. notebooks ['nəʊtbʊks] - die Notizbücher
31. one [wʌn] - ein
32. park [pɑːk] - der Park
33. parks [pɑːks] - die Parks
34. pen [pen] - der Stift
35. pens [pens] - die Stifte
36. room [ruːm] - das Zimmer
37. rooms [ruːmz] - die Zimmer
38. shop [ʃɔp] - der Laden
39. shops [ʃɔps] - die Läden
40. star [stɑː] - der Stern
41. street [striːt] - die Straße
42. streets [striːts] - die Straßen
43. student ['stjuːd(ə)nt] - der Student
44. students ['stjuːd(ə)nts] - die Studenten
45. table ['teɪbl] - der Tisch
46. tables ['teɪbls] - die Tische
47. text [tekst] - der Text
48. that [ðæt] - jener, jene, jenes
49. these [ðiːz] - diese (Pl.)
50. those [ðəʊz] - jene (Pl.)
51. they [ðeɪ] - sie
52. this [ðɪz] - dieser, diese, dieses
53. this book - dieses Buch
54. too [tuː] - auch
55. window ['wɪndəʊ] - das Fenster
56. windows ['wɪndəʊz] - die Fenster
57. word [wəːd] - das Wort, die Vokabel
58. words [wəːdz] - die Wörter, die

B

Robert has a dog

1.This student has a book. 2.He has a pen too.

3.San Francisco has many streets and parks. 4.This street has new hotels and shops. 5.This hotel has four stars. 6.This hotel has many nice big rooms.

7.That room has many windows. 8.And

Robert hat einen Hund

1.Dieser Student hat ein Buch. 2.Er hat auch einen Stift.

3.San Francisco hat viele Straßen und Parks. 4.Diese Straße hat neue Hotels und Läden. 5.Dieses Hotel hat vier Sterne. 6.Dieses Hotel hat viele schöne, große Zimmer.

7.Jenes Zimmer hat viele Fenster. 8.Und diese

these rooms do not have many windows. 9.These rooms have four beds. 10.And those rooms have one bed. 11.That room does not have many tables. 12.And those rooms have many big tables.

13.This street does not have hotels. 14.That big shop has many windows.

15.These students have notebooks. 16.They have pens too. 17.Robert has one little black notebook. 18.Paul has four new green notebooks.

19.This student has a bike. 20.He has a new blue bike. 21.David has a bike too. 22.He has a nice black bike. 23.Paul has a dream. 24.I have a dream too. 25.I do not have a dog. 26.I have a cat. 27.My cat has nice green eyes. 28.Robert does not have a cat. 29.He has a dog. 30.His dog has a little black nose.

Zimmer haben nicht viele Fenster. 9.Diese Zimmer haben vier Betten. 10.Und diese Zimmer haben ein Bett. 11.Jenes Zimmer hat nicht viele Tische. 12.Und diese Zimmer haben viele große Tische.

13.In dieser Straße sind keine Hotels. 14.Dieser große Laden hat viele Fenster.

15.Diese Studenten haben Notizbücher. 16.Sie haben auch Stifte. 17.Robert hat ein kleines schwarzes Notizbuch. 18.Paul hat vier neue grüne Notizbücher.

19.Dieser Student hat ein Fahrrad. 20.Er hat ein neues blaues Fahrrad. 21.David hat auch ein Fahrrad. 22.Er hat ein schönes schwarzes Fahrrad. 23.Paul hat einen Traum. 24.Ich habe auch einen Traum. 25.Ich habe keinen Hund. 26.Ich habe eine Katze. 27.Meine Katze hat schöne grüne Augen. 28.Robert hat keine Katze. 29.Er hat einen Hund. 30.Sein Hund hat eine kleine schwarze Nase.

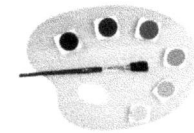

2

They live in San Francisco (the USA)

Sie wohnen in San Francisco (USA)

A

Words

Vokabeln

1. American [əˈmerɪkən] - Amerikaner
2. big [bɪg] - groß
3. brother [ˈbrʌðə] - der Bruder
4. buy [baɪ] - kaufen
5. Canada [ˈkænədə] - Kanada
6. Canadian [kəˈneɪdɪən] - Kanadier
7. city [ˈsɪtɪ] - die Stadt
8. from [frɔm] - aus
9. from the USA - aus den USA
10. German [ˈdʒəːmən] - der Deutsche, die Deutsche
11. hungry [ˈhʌŋgrɪ] - hungrig; I am hungry. - Ich habe Hunger.
12. in [ɪn] - in
13. live [lɪv] - leben, wohnen

14. mother [ˈmʌðə] - die Mutter
15. now [naʊ] - jetzt, zurzeit, gerade
16. sandwich [ˈsæn(d)wɪtʃ] - das Sandwich
17. she [ʃiː] - sie
18. sister [ˈsɪstə] - die Schwester
19. supermarket [ˈsʊpəˌmɑːkɪt] - der Supermarkt
20. two [tuː] - zwei
21. USA - USA
22. we [wɪ] - wir
23. you [ju] - du

B

They live in San Francisco (USA)

1.San Francisco is a big city. 2.San Francisco is in the USA.

3.This is Robert. 4.Robert is a student. 5.He is in San Francisco now. 6.Robert is from Germany. 7.He is German. 8.Robert has a mother, a father, a brother and a sister. 9.They live in Germany.

10.This is Paul. 11.Paul is a student too. 12.He is from Canada. 13.He is Canadian. 14.Paul has a mother, a father and two sisters. 15.They live in Canada.

16.Robert and Paul are in a supermarket now. 17.They are hungry. 18.They buy sandwiches.

19.This is Linda. 20.Linda is American. 21.Linda lives in San Francisco too. 22.She is not a student.

23.I am a student. 24.I am from Germany. 25.I am in San Francisco now. 26.I am not hungry.

27.You are a student. 28.You are German. 29.You are not in Germany now. 30.You are in the USA.

31.We are students. 32.We are in the USA now.

33.This is a bike. 34.The bike is blue. 35.The bike is not new.

Sie wohnen in San Francisco (USA)

1.San Francisco ist eine große Stadt. 2.San Francisco ist in den USA.

3.Das ist Robert. 4.Robert ist Student. 5.Er ist zurzeit in San Francisco. 6.Robert kommt aus Deutschland. 7.Er ist Deutscher. 8.Robert hat eine Mutter, einen Vater, einen Bruder und eine Schwester. 9.Sie leben in Deutschland.

10.Das ist Paul. 11.Paul ist auch Student. 12.Er kommt aus Kanada. 13.Er ist Kanadier. 14.Paul hat eine Mutter, einen Vater und zwei Schwestern. 15.Sie leben in Kanada.

16.Robert und Paul sind gerade im Supermarkt. 17.Sie haben Hunger. 18.Sie kaufen Sandwiches.

19.Das ist Linda. 20.Linda ist Amerikanerin. 21.Linda wohnt auch in San Francisco. 22.Sie ist kein Student.

23.Ich bin Student. 24.Ich komme aus Deutschland. 25.Ich bin zurzeit in San Francisco. 26.Ich habe keinen Hunger.

27.Du bist Student. 28.Du bist Deutsche. 29.Du bist zurzeit nicht in Deutschland. 30.Du bist in den USA.

31.Wir sind Studenten. 32.Wir sind zurzeit in den USA.

33.Dies ist ein Fahrrad. 34.Das Fahrrad ist blau. 35.Das Fahrrad ist nicht neu.

36. This is a dog. 37. The dog is black. 38. The dog is not big.

39. These are shops. 40. The shops are not big. 41. They are little. 42. That shop has many windows. 43. Those shops do not have many windows.

44. That cat is in the room. 45. Those cats are not in the room.

36. Dies ist ein Hund. 37. Der Hund ist schwarz. 38. Der Hund ist nicht groß.

39. Dies sind Läden. 40. Die Läden sind nicht groß. 41. Sie sind klein. 42. Dieser Laden hat viele Fenster. 43. Jene Läden haben nicht viele Fenster.

44. Die Katze ist im Zimmer. 45. Diese Katzen sind nicht im Zimmer.

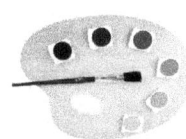

3

Are they Germans?
Sind sie Deutsche?

 A

Words
Vokabeln

1. all [ɔːl] - alle
2. animal [ˈænɪm(ə)l] - das Tier
3. at [æt] - am, beim
4. boy [bɔɪ] - der Junge
5. café [ˈkæfeɪ] - das Café
6. CD player [ˌsiːˈdiːˌpleɪə] - der CD-Spieler
7. her [həː] book - ihr Buch
8. house [haʊs] - das Haus
9. how [haʊ] - wie
10. it [ɪt] - es

11. man [mæn] - der Mann
12. map [mæp] - die Karte
13. no [nəʊ] - nein
14. on [ɔn] - auf
15. our [ˈaʊə] - unser

16. Spanish [ˈspænɪʃ] - spanisch
17. where [(h)weə] - wo
18. woman [ˈwʊmən] - die Frau
19. yes [jes] - ja
20. you [ju] - du/ihr

B

Are they Germans?

- I am a boy. I am in the room.
- Are you American?
- No, I am not. I am German.
- Are you a student?
- Yes, I am. I am a student.

- This is a woman. The woman is in the room too.
- Is she German?
- No, she is not. She is American.
- Is she a student?
- No, she is not. She is not a student.
- This is a man. He is at the table.
- Is he American?
- Yes, he is. He is American.

- These are students. They are in the park.
- Are they all Americans?
- No, they are not. They are from Germany, the USA and Canada.

Sind sie Deutsche?

- *Ich bin ein Junge. Ich bin im Zimmer.*
- *Bist du Amerikaner?*
- *Nein, ich bin nicht Amerikaner. Ich bin Deutscher.*
- *Bist du Student?*

- *Ja, ich bin Student.*
- *Das ist eine Frau. Die Frau ist auch im Zimmer.*
- *Ist sie Deutsche?*
- *Nein, sie ist nicht Deutsche. Sie ist Amerikanerin.*
- *Ist sie Studentin?*
- *Nein, sie ist nicht Studentin.*
- *Das ist ein Mann. Er sitzt am Tisch.*
- *Ist er Amerikaner?*
- *Ja, er ist Amerikaner.*

- *Das sind Studenten. Sie sind im Park.*
- *Sind sie alle Amerikaner?*
- *Nein, sie sind nicht alle Amerikaner. Sie kommen aus Deutschland, den USA und Kanada.*

- This is a table. It is big.
- Is it new?
- Yes, it is. It is new.

- This is a cat. It is in the room.
- Is it black?
- Yes, it is. It is black and nice.

- These are bikes. They are at the house.
- Are they black?
- Yes, they are. They are black.

- Do you have a notebook?
- Yes, I have.
- How many notebooks have you?
- I have two notebooks.

- Does he have a pen?
- Yes, he has.
- How many pens have he?
- He has one pen.

- Does she have a bike?
- Yes, she has.
- Is her bike blue?
- No, it is not. Her bike is not blue. It is green.

- Do you have a Spanish book?
- No, I do not. I do not have a Spanish book. I have no books.

- *Das ist ein Tisch. Er ist groß.*
- *Ist er neu?*
- *Ja, er ist neu.*

- *Das ist eine Katze. Sie ist im Zimmer.*
- *Ist sie schwarz?*
- *Ja, das ist sie. Sie ist schwarz und schön.*

- *Das sind Fahrräder. Sie stehen beim Haus.*
- *Sind sie schwarz?*
- *Ja, sie sind schwarz.*

- *Hast du ein Notizbuch?*
- *Ja.*
- *Wie viele Notizbücher hast du?*
- *Ich habe zwei Notizbücher.*

- *Hat er einen Stift?*
- *Ja.*
- *Wie viele Stifte hat er?*
- *Er hat einen Stift.*

- *Hat sie ein Fahrrad?*
- *Ja.*
- *Ist ihr Fahrrad blau?*
- *Nein, es ist nicht blau. Es ist grün.*

- *Hast du ein spanisches Buch?*
- *Nein, ich habe kein spanisches Buch. Ich habe keine Bücher.*

- Does she have a cat?
- No, she does not. She does not have a cat. She has no animal.

- Do you have a CD player?
- No, we do not. We do not have a CD player.

- Where is our map?
- Our map is in the room.
- Is it on the table?
- Yes, it is.

- Where are the boys?
- They are in the café.
- Where are the bikes?
- They are at the café.
- Where is Paul?
- He is in the café too.

- *Hat sie eine Katze?*
- *Nein, sie hat keine Katze. Sie hat kein Tier.*

- *Habt ihr einen CD-Spieler?*
- *Nein, wir haben keinen CD-Spieler.*

- *Wo ist unsere Karte?*
- *Unsere Karte ist im Zimmer.*
- *Liegt sie auf dem Tisch?*
- *Ja, sie liegt auf dem Tisch.*

- *Wo sind die Jungs?*
- *Sie sind im Café.*
- *Wo sind die Fahrräder?*
- *Sie stehen vor dem Café.*
- *Wo ist Paul?*
- *Er ist auch im Café.*

4

Can you help, please?
Können Sie mir bitte helfen?

A

Words
Vokabeln

1. address [əˈdres] - die Adresse
2. bank [bæŋk] - die Bank
3. but [bət] - aber
4. can [kən] - können; I can read. - Ich kann lesen.
5. for [fə] - für
6. go [gəʊ] - gehen, fahren; I go to the bank. - Ich gehe zur Bank.
7. help [help] - die Hilfe; to help [help] - helfen
8. learn [lə:n] - lernen
9. may [meɪ] - dürfen, können
10. must [məst] not - nicht dürfen

11. must [məst] - müssen
12. I must go. - Ich muss gehen.
13. place [pleɪs] - legen, der Platz
14. play [pleɪ] - spielen
15. please [pliːz] - bitte
16. read [riːd] - lesen
17. sit [sɪt] - sitzen, setzen
18. speak [spiːk] - sprechen
19. take [teɪk] - nehmen
20. thank [θæŋk] - danken
21. thank you, thanks - danke
22. write [raɪt] - schreiben

B

Can you help, please? — *Können Sie mir bitte helfen?*

- Can you help me, please?
- Yes, I can.
- I cannot write the address in English. Can you write it for me?
- Yes, I can.
- Thank you.

- *Können Sie mir bitte helfen?*
- *Ja, das kann ich.*
- *Ich kann die Adresse nicht auf Englisch schreiben. Können Sie sie für mich schreiben?*
- *Ja, das kann ich.*
- *Danke.*

- Can you play tennis?
- No, I cannot. But I can learn. Can you help me to learn?
- Yes, I can. I can help you to learn to play tennis.
- Thank you.

- *Kannst du Tennis spielen?*
- *Nein. Aber ich kann es lernen. Kannst du mir dabei helfen?*
- *Ja, ich kann dir helfen, Tennis spielen zu lernen.*
- *Danke.*

- Can you speak English?
- I can speak and read English but I cannot write.
- Can you speak German?
- I can speak, read and write German.
- Can Linda speak German too?
- No, she cannot. She is American.

- *Sprichst du Englisch?*
- *Ich kann Englisch sprechen und lesen, aber nicht schreiben.*
- *Sprichst du Deutsch?*
- *Ich kann Deutsch sprechen, lesen und schreiben.*
- *Kann Linda auch Deutsch?*
- *Nein, sie kann kein Deutsch. Sie ist Amerikanerin.*

- Can they speak English? Yes, they can a little. They are students and they learn English.
- This boy cannot speak English.

- Where are they?
- They play tennis now.
- May we play too?
- Yes, we may.

- Where is Robert?
- He may be at the café.

- Sit at this table, please.
- Thank you. May I place my books on that table?
- Yes, you may.

- May Paul sit at his table?
- Yes, he may.

- May I sit on her bed?
- No, you must not.
- May Linda take his CD player?
- No. She must not take his CD player.

- May they take her map?
- No, they may not.

- You must not sit on her bed.
- She must not take his CD player.
- They must not take these notebooks.

- *Sprechen sie Englisch?*
- *Ja, ein bisschen. Sie sind Studenten und lernen Englisch.*
- *Dieser Junge spricht kein Englisch.*

- *Wo sind sie?*
- *Sie spielen gerade Tennis.*
- *Können wir auch spielen?*
- *Ja, das können wir.*

- *Wo ist Robert?*
- *Er ist vielleicht im Café.*

- *Setzen Sie sich an diesen Tisch, bitte.*
- *Danke. Kann ich meine Bücher auf diesen Tisch legen?*
- *Ja.*

- *Darf Paul sich an seinen Tisch setzen?*
- *Ja, das darf er.*

- *Darf ich mich auf ihr Bett setzen?*
- *Nein, das darfst du nicht.*
- *Darf Linda seinen CD-Spieler nehmen?*
- *Nein, sie darf seinen CD-Spieler nicht nehmen.*

- *Dürfen sie ihre Karte nehmen?*
- *Nein, das dürfen sie nicht.*

- *Du darfst dich nicht auf ihr Bett setzen.*
- *Sie darf seinen CD-Spieler nicht nehmen.*
- *Sie dürfen diese Notizbücher nicht nehmen.*

- I must go to the bank.
- Must you go now?
- Yes, I must.

- *Ich muss zur Bank gehen.*
- *Musst du jetzt gehen?*
- *Ja.*

- Must you learn German?
- I need not learn German. I must learn English.

- *Musst du Deutsch lernen?*
- *Ich muss nicht Deutsch lernen. Ich muss Englisch lernen.*

- Must she go to the bank?
- No. She need not go to the bank.

- *Muss sie zur Bank gehen?*
- *Nein, sie muss nicht zur Bank gehen.*

- May I take this bike?
- No, you must not take this bike.
- May we place these notebooks on her bed?
- No. You must not place the notebooks on her bed.

- *Darf ich dieses Fahrrad nehmen?*
- *Nein, du darfst dieses Fahrrad nicht nehmen.*
- *Dürfen wir diese Notizbücher auf ihr Bett legen?*
- *Nein, ihr dürft die Notizbücher nicht auf ihr Bett legen.*

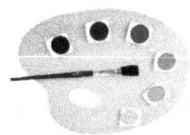

5

Robert lives in the USA now
Robert wohnt jetzt in den USA

 A

Words
Vokabeln

1. breakfast [ˈbrekfəst] - das Frühstück; have breakfast - frühstücken
2. chair [tʃeə] - der Stuhl
3. drink [drɪŋk] - trinken
4. eat [iːt] - essen
5. eight [eɪt] - acht
6. farm [faːm] - der Bauernhof
7. five [faɪv] - fünf
8. furniture [ˈfəːnɪtʃə] - die Möbel
9. girl [gəːl] - das Mädchen
10. good [gʊd] (Adj.), well [wel] (Adv.) - gut
11. like [laɪk], love - mögen, lieben
12. listen [ˈlɪs(ə)n] - hören; I listen to music. - Ich höre Musik.

13. music ['mju:zɪk] - die Musik
14. need [ni:d] - brauchen
15. newspaper ['nju:s,peɪpə] - die Zeitung
16. people ['pi:pl] - die Menschen
17. seven ['sev(ə)n] - sieben
18. six [sɪks] - sechs
19. some [sʌm] - ein paar
20. square [skweə] - der Platz
21. tea [ti:] - der Tee
22. there [ðeə] - dort
23. three [θri:] - drei
24. want [wɔnt] - wollen

B

Robert lives in the USA now

Linda reads English well. I read English too. The students go to the park. She goes to the park too.

We live in San Francisco. Paul lives in San Francisco now too. His father and mother live in Canada. Robert lives in San Francisco now. His father and mother live in Germany.

The students play tennis. Paul plays well. Robert does not play well.

We drink tea. Linda drinks green tea. David drinks black tea. I drink black tea too.

I listen to music. Sarah listens to music too. She likes to listen to good music.

I need six notebooks. David needs seven notebooks. Linda needs eight notebooks.

Sarah wants to drink. I want to drink too. Paul wants to eat.

There is a newspaper on the table. Paul takes it and reads. He likes to read newspapers.

There is some furniture in the room. There are six tables and six chairs there.

Robert wohnt jetzt in den USA

Linda liest gut Englisch. Ich lese auch Englisch. Die Studenten gehen in den Park. Sie geht auch in den Park.

Wir wohnen in San Francisco. Paul wohnt jetzt auch in San Francisco. Sein Vater und seine Mutter leben in Kanada. Robert wohnt jetzt in San Francisco. Sein Vater und seine Mutter leben in Deutschland.

Die Studenten spielen Tennis. Paul spielt gut. Robert spielt nicht gut.

Wir trinken Tee. Linda trinkt grünen Tee. David trinkt schwarzen Tee. Ich trinke auch schwarzen Tee.

Ich höre Musik. Sarah hört auch Musik. Sie hört gerne gute Musik.

Ich brauche sechs Notizbücher. David braucht sieben Notizbücher. Linda braucht acht Notizbücher.

Sarah will etwas trinken. Ich will auch etwas trinken. Paul will etwas essen.

Dort liegt eine Zeitung auf dem Tisch. Paul nimmt sie und liest. Er liest gerne Zeitung.

Im Zimmer gibt es Möbel. Es gibt dort sechs Tische und sechs Stühle.

There are three girls in the room. They are eating breakfast.	Es sind drei Mädchen im Zimmer. Sie frühstücken.
Sarah is eating bread and drinking tea. She likes green tea.	Sarah isst Brot und trinkt Tee. Sie mag grünen Tee.
There are some books on the table. They are not new. They are old.	Auf dem Tisch liegen ein paar Bücher. Sie sind nicht neu. Sie sind alt.
- Is there a bank in this street?	- Ist in dieser Straße eine Bank?
- Yes, there is. There are five banks in this street. The banks are not big.	- Ja. Es gibt fünf Banken in dieser Straße. Sie sind nicht groß.
- Are there people in the square?	- Sind Menschen auf dem Platz?
- Yes, there are. There are some people in the square.	- Ja, auf dem Platz sind ein paar Menschen.
- Are there bikes at the café?	- Stehen Fahrräder vor dem Café?
- Yes, there are. There are four bikes at the café. They are not new.	- Ja, es stehen vier Fahrräder vor dem Café. Sie sind nicht neu.
- Is there a hotel in this street?	- Gibt es in dieser Straße ein Hotel?
- No, there is not. There are no hotels in this street.	- Nein, es gibt keine Hotels in dieser Straße.
- Are there any big shops in that street?	- Gibt es in dieser Straße große Läden?
- No, there are not. There are no big shops in that street.	- Nein, es gibt keine großen Läden in dieser Straße.
- Are there any farms in the USA?	- Gibt es in den USA Bauernhöfe?
- Yes, there are. There are many farms in the USA.	- Ja, es gibt viele Bauernhöfe in den USA.
- Is there any furniture in that room?	- Sind Möbel in diesem Zimmer?
- Yes, there is. There are four tables and some chairs there.	- Ja, es sind dort vier Tische und einige Stühle.

6

Robert has many friends
Robert hat viele Freunde

A

Words
Vokabeln

1. agency ['eɪdʒənsɪ] - die Agentur
2. as well [æzwel] - auch
3. car [kaː] - das Auto
4. CD [ˌsiːˈdiː] - die CD
5. clean [kliːn] - sauber
6. coffee [ˈkɒfɪ] - der Kaffee
7. come [kʌm]/ go [gəʊ] - kommen / gehen
8. computer [kəmˈpjuːtə] - der Computer
9. cooker [ˈkʊkə] - der Herd
10. dad [dæd] - der Vater
11. David's book - Davids Buch
12. door [dɔː] - die Tür
13. free [friː] - frei; free time - die Freizeit, freie Zeit
14. friend [frend] - der Freund

15. into ['ɪntə] - in
16. job [dʒɔb] - die Arbeit
17. job agency - die Arbeitsvermittlung
18. know [nəʊ] - kennen, wissen
19. many ['menɪ] - viele
20. much [mʌtʃ] - viel
21. under ['ʌndə] - unter
22. work [wəːk] - Arbeit; have a lot of work - viel zu tun haben

B

Robert has many friends

Robert has many friends. Robert's friends go to the café. They like to drink coffee. Robert's friends drink a lot of coffee.

Paul's dad has a car. The dad's car is clean but old. Paul's dad drives a lot. He has a good job and he has a lot of work now.

David has a lot of CDs. David's CDs are on his bed. David's CD player is on his bed as well.

Robert reads American newspapers. There are many newspapers on the table in Robert's room.

Nancy has a cat and a dog. Nancy's cat is in the room under the bed. Nancy's dog is in the room as well.

There is a man in this car. This man has a map. The man's map is big. This man drives a lot.

I am a student. I have a lot of free time. I go to a job agency. I need a good job.

Paul and Robert have a little free time. They go to the job agency as well. Paul has a computer. The agency may give Paul a good job.

Linda has a new cooker. Linda's cooker is good and clean. Linda cooks breakfast for her children. Nancy and David are Linda's children. Linda's children drink a lot of

Robert hat viele Freunde

Robert hat viele Freunde. Roberts Freunde gehen ins Café. Sie trinken gerne Kaffee. Roberts Freunde trinken viel Kaffee.

Pauls Vater hat ein Auto. Das Auto seines Vaters ist sauber, aber alt. Pauls Vater fährt viel Auto. Er hat eine gute Arbeit und im Moment viel zu tun.

David hat viele CDs. Davids CDs liegen auf seinem Bett. Davids CD-Spieler ist auch auf seinem Bett.

Robert liest amerikanische Zeitungen. Auf dem Tisch in Roberts Zimmer liegen viele Zeitungen.

Nancy hat eine Katze und einen Hund. Nancys Katze ist im Zimmer unter dem Bett. Nancys Hund ist auch im Zimmer.

In dem Auto ist ein Mann. Der Mann hat eine Karte. Die Karte des Mannes ist groß. Dieser Mann fährt viel Auto.

Ich bin Student. Ich habe viel Freizeit. Ich gehe zu einer Arbeitsvermittlung. Ich brauche einen guten Job.

Paul und Robert haben ein bisschen freie Zeit. Sie gehen auch zu der Arbeitsvermittlung. Paul hat einen Computer. Die Agentur wird ihm vielleicht eine gute Arbeit geben.

Linda hat einen neuen Herd. Lindas Herd ist gut und sauber. Linda macht Frühstück für ihre Kinder. Nancy und David sind Lindas Kinder.

tea. The mother drinks a little coffee. Nancy's mother can speak very few German words. She speaks German very little. Linda has a job. She has little free time.

Robert can speak English little. Robert knows very few English words. I know a lot of English words. I can speak English a little. This woman knows a lot of English words. She can speak English well.

George works at a job agency. This job agency is in San Francisco. George has a car. George's car is in the street. George has a lot of work. He must go to the agency. He drives there. George comes into the agency. There are a lot of students there. They need jobs. George's job is to help the students.

There is a car at the hotel. The doors of this car are not clean. Many students live in this hotel. The rooms of the hotel are little but clean. This is Robert's room. The window of the room is big and clean.

Lindas Kinder trinken viel Tee. Die Mutter trinkt ein bisschen Kaffee. Nancys Mutter kann nur ein paar Wörter auf Deutsch. Sie spricht sehr wenig Deutsch. Linda hat Arbeit. Sie hat wenig Freizeit.

Robert spricht wenig Englisch. Er kennt nur sehr wenige englische Wörter. Ich kenne viele englische Wörter. Ich spreche ein bisschen Englisch. Diese Frau kennt viele englische Wörter. Sie spricht gut Englisch.

George arbeitet in einer Arbeitsvermittlung. Diese Arbeitsvermittlung ist in San Francisco. George hat ein Auto. Georges Auto steht an der Straße. George hat viel Arbeit. Er muss in die Agentur gehen. Er fährt mit dem Auto dorthin. George kommt in die Agentur. Dort sind viele Studenten. Sie brauchen Arbeit. Georges Arbeit ist, den Studenten zu helfen.

Vor dem Hotel steht ein Auto. Die Türen des Autos sind nicht sauber. In diesem Hotel wohnen viele Studenten. Die Zimmer des Hotels sind klein, aber sauber. Das ist Roberts Zimmer. Das Fenster des Zimmers ist groß und sauber.

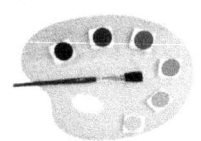

7

David buys a bike

David kauft ein Fahrrad

A

Words

Vokabeln

1. bathroom [ˈbɑːθruːm] - das Bad, das Badezimmer; bath [bɑːθ] - die Badewanne
2. bathroom table - der Badezimmertisch
3. bus [bʌs] - der Bus; go by [baɪ] bus - mit dem Bus fahren
4. centre [ˈsentə] - das Zentrum; city centre - das Stadtzentrum
5. face [feɪs] - das Gesicht
6. firm [fɜːm] - die Firma
7. firms - die Firmen
8. go by bike, ride [raɪd] a bike - Fahrrad fahren, mit dem Fahrrad fahren
9. home [həʊm] - das Zuhause; go home - nach Hause gehen
10. kitchen [ˈkɪtʃɪn] - die Küche

11. make [meɪk] - machen; coffee-maker - die Kaffeemaschine
12. morning [ˈmɔːnɪŋ] - der Morgen
13. office [ˈɔfɪs] - das Büro
14. one by one - einer nach dem anderen
15. queue [kjuː] - die Schlange
16. Saturday [ˈsætədeɪ] - der Samstag
17. snack [snæk] - der Imbiss
18. sport [spɔːt] - der Sport; sport shop [spɔːt ʃɔp] - das Sportgeschäft
19. sport bike [spɔːt baɪk] - das Sportfahrrad
20. then [ðen] - dann; after that - danach
21. time [taɪm] - die Zeit
22. today [təˈdeɪ] - heute
23. wash [wɔʃ] - waschen
24. washer [ˈwɔʃə] - die Waschmaschine
25. with [wɪð] - mit
26. worker [ˈwəːkə] - der Arbeiter

 B

David buys a bike

It is Saturday morning. David goes to the bathroom. The bathroom is not big. There is a bath, a washer and a bathroom table there. David washes his face. Then he goes to the kitchen. There is a tea-maker on the kitchen table. David eats his breakfast. David's breakfast is not big. Then he makes some coffee with the coffee-maker and drinks it. He wants to go to a sport shop today. David goes into the street. He takes bus seven. It takes David a little time to go to the shop by bus.

David goes into the sport shop. He wants to buy a new sport bike. There are a lot of sport bikes there. They are black, blue and green. David likes blue bikes. He wants to buy a blue one. There is a queue in the shop. It takes David a lot of time to buy the bike. Then he goes to the street and rides the bike. He rides to the city centre. Then he rides from the city centre to the city park. It is so nice to ride a new sport bike!

It is Saturday morning but George is in his

David kauft ein Fahrrad

Es ist Samstagmorgen. David geht ins Bad. Das Badezimmer ist nicht groß. Dort gibt es eine Badewanne, eine Waschmaschine und einen Badezimmertisch. David wäscht sich das Gesicht. Dann geht er in die Küche. Auf dem Küchentisch steht ein Teekessel. David frühstückt. Davids Frühstück ist nicht groß. Dann macht er Kaffee mit der Kaffeemaschine und trinkt ihn. Er will heute in ein Sportgeschäft. David geht auf die Straße. Er nimmt den Bus 7. David braucht nicht lange, um mit dem Bus zum Laden zu fahren.

David geht in das Sportgeschäft. Er will sich ein neues Sportfahrrad kaufen. Es gibt viele Sportfahrräder. Sie sind schwarz, blau und grün. David mag blaue Fahrräder. Er will ein blaues kaufen. Im Laden ist eine Schlange. David braucht lange, um das Fahrrad zu kaufen. Dann geht er auf die Straße und fährt mit dem Fahrrad. Er fährt ins Stadtzentrum. Dann fährt er vom Zentrum in den Stadtpark. Es ist so schön, mit einem neuen Sportfahrrad zu fahren!

Es ist Samstagmorgen, aber George ist in seinem

office. He has a lot of work today. There is a queue to George's office. There are many students and workers in the queue. They need a job. They go one by one into George's room. They speak with George. Then he gives addresses of firms.

It is snack time now. George makes some coffee with the coffee maker. He eats his snack and drinks some coffee. There is no queue to his office now. George can go home. He goes into the street. It is so nice today! George goes home. He takes his children and goes to the city park. They have a nice time there.

Büro. Er hat heute viel zu tun. Vor Georges Büro ist eine Schlange. In der Schlange stehen viele Studenten und Arbeiter. Sie brauchen Arbeit. Sie gehen einer nach dem anderen in Georges Büro. Sie sprechen mit George. Dann gibt er ihnen Adressen von Firmen.

Jetzt ist Zeit für einen Imbiss. George macht Kaffee mit der Kaffeemaschine. Er isst seinen Imbiss und trinkt Kaffee. Jetzt ist keine Schlange mehr vor seinem Büro. George kann nach Hause gehen. Er geht auf die Straße. Es ist so ein schöner Tag! George geht nach Hause. Er holt seine Kinder ab und geht in den Stadtpark. Dort haben sie eine schöne Zeit.

8

Linda wants to buy a new DVD

Linda will eine neue DVD kaufen

A

Words
Vokabeln

1. adventure [əd'ventʃə] - das Abenteuer
2. ask [aːsk] - bitten, fragen
3. big / bigger / the biggest - groß / größer / am größten
4. box [bɔks] - die Kiste
5. cup [kʌp] - die Tasse
6. DVD [ˌdiviˈdiː] - die DVD
7. favourite [ˈfeɪv(ə)rɪt] - Lieblings-
8. favourite film - der Lieblingsfilm
9. fifteen [ˌfɪfˈtiːn] - fünfzehn
10. film [fɪlm] - der Film
11. friendly [ˈfrendlɪ] - freundlich
12. give, hand [hænd] - geben
13. go away [əˈweɪ] - weggehen

14. hour [aʊə] - die Stunde
15. interesting ['ɪntrəstɪŋ] - interessant
16. last, take [lɑːst | teɪk] - dauern; The movie lasts more than three hours. - Der Film dauert mehr als 3 Stunden.
17. long [lɔŋ] - lang
18. more [mɔː] - mehr
19. say [seɪ] - sagen
20. shop assistant ['ʃɔpəˌsɪstənt] - der Verkäufer, die Verkäuferin
21. show [ʃəʊ] - zeigen
22. than [ðən] - als; George is older than Linda. - George ist älter als Linda.
23. that [ðət] - dass; I know that this book is interesting. - Ich weiß, dass dieses Buch interessant ist.
24. twenty ['twentɪ] - zwanzig
25. videocassette [ˌvɪdɪəʊkəˈset] - die Videokassette
26. video-shop [ˌvɪdɪəʊˈʃɔp] - die Videothek
27. young [jʌŋ] - jung

 B

Linda wants to buy a new DVD

David and Nancy are Linda's children. Nancy is the youngest child. She is five years old. David is fifteen years older than Nancy. He is twenty. Nancy is much younger than David.

Nancy, Linda and David are in the kitchen. They drink tea. Nancy's cup is big. Linda's cup is bigger. David's cup is the biggest.

Linda has a lot of videocassettes and DVDs with interesting films. She wants to buy a newer film. She goes to a video-shop. There are many boxes with videocassettes and DVDs there. She asks a shop assistant to help her. The shop assistant hands Linda some cassettes. Linda wants to know more about these films but the shop assistant goes away.

There is one more shop assistant in the shop and she is friendlier. She asks Linda about her favorite films. Linda likes romantic films and adventure films. The film "Titanic" is her favorite film. The shop assistant shows Linda a DVD with the newest Hollywood film "The German Friend". It is about romantic adventures of a man and a young woman in the USA.

She shows Linda a DVD with the film "The Firm" as well. The shop assistant says that the film

Linda will eine neue DVD kaufen

David und Nancy sind Lindas Kinder. Nancy ist die Jüngste. Sie ist fünf. David ist fünfzehn Jahre älter als Nancy. Er ist zwanzig. Nancy ist viel jünger als David.

Nancy, Linda und David sind in der Küche. Sie trinken Tee. Nancys Tasse ist groß. Lindas Tasse ist größer. Davids Tasse ist am größten.

Linda hat viele Videokassetten und DVDs mit interessanten Filmen. Sie will einen neueren Film kaufen. Sie geht in eine Videothek. Dort sind viele Kisten mit Videokassetten und DVDs. Sie bittet einen Verkäufer, ihr zu helfen. Der Verkäufer gibt Linda ein paar Filme. Linda will mehr über diese Filme wissen, aber der Verkäufer geht weg.

Es gibt eine andere Verkäuferin im Laden und sie ist freundlicher. Sie fragt Linda nach ihren Lieblingsfilmen. Linda mag romantische Filme und Abenteuerfilme. Der Film ‚Titanic' ist ihr Lieblingsfilm. Die Verkäuferin zeigt Linda eine DVD mit dem neusten Hollywoodfilm 'Der deutsche Freund'. Er handelt von den romantischen Abenteuern eines Mannes und einer jungen Frau in den USA.

Sie zeigt Linda auch eine DVD mit dem Film ‚Die Firma'. Die Verkäuferin sagt, dass der Film ‚Die

"The Firm" is one of the most interesting films. And it is one of the longest films as well. It is more than three hours long. Linda likes longer films. She says that "Titanic" is the most interesting and the longest film that she has. Linda buys a DVD with the film "The Firm". She thanks the shop assistant and goes.

Firma' einer der interessantesten Filme ist. Und auch einer der längsten. Er dauert mehr als drei Stunden. Linda mag längere Filme. Sie sagt, dass ‚Titanic' der interessanteste und der längste Film ist, den sie hat. Linda kauft die DVD mit dem Film 'Die Firma'. Sie bedankt sich bei der Verkäuferin und geht.

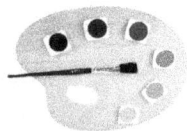

9

Paul listens to German songs
Paul hört deutsche Musik

A

Words
Vokabeln

1. about [əˈbaʊt] - etwa
2. bag [bæg] - die Tasche
3. be ashamed [bi əˈʃeɪmd] - sich schämen; he is ashamed - er schämt sich
4. because [bɪˈkɔz] - weil
5. before [bɪˈfɔː] - vor
6. begin [bɪˈgɪn] - anfangen
7. bread [bred] - das Brot
8. butter [ˈbʌtə] - die Butter
9. call on the phone - anrufen
10. call [kɔːl] - rufen; call centre [kɔːl ˈsentə] - das Callcenter
11. day [deɪ] - der Tag
12. dorms [dɔːmz] - das Studentenwohnheim
13. every [ˈevrɪ] - jeder, jede, jedes

14. family ['fæm(ə)lɪ] - die Familie
15. hat [hæt] - der Hut
16. head [hed] - der Kopf; to head, to go - gehen
17. jump [dʒʌmp] - springen; der Sprung
18. like ['laɪk] - gefallen; I like that. - Das gefällt mir.
19. minute ['mɪnɪt] - die Minute
20. name [neɪm] - der Name; nennen
21. nearness ['nɪənəs] - die Nähe
22. near [nɪə], nearby [ˌnɪəbaɪ], next [nekst] - in der Nähe
23. out of order ['aʊt əv 'ɔːdə] - außer Betrieb
24. phrase [freɪz] - der Satz
25. run [rʌn] - rennen, joggen, laufen
26. simple ['sɪmpl] - einfach
27. sing [sɪŋ] - singen; singer ['sɪŋə] - der Sänger
28. telefone ['telɪfəʊn] - das Telefon; to telephone - telefonieren
29. very ['verɪ] - sehr

B

Paul listens to German songs

Carol is a student. She is twenty years old. Carol is from Spain. She lives in the student dorms. She is a very nice girl. Carol has a blue dress on. There is a hat on her head.

Carol wants to telephone her family today. She heads to the call centre because her telephone is out of order. The call centre is in front of the café. Carol calls her family. She speaks with her mother and father. The call takes her about five minutes. Then she calls her friend Angela. This call takes her about three minutes.

Robert likes sport. He runs every morning in the park near the dorms. He is running today too. He jumps as well. His jumps are very long. Paul and David are running and jumping with Robert. David's jumps are longer. Paul's jumps are the longest. He jumps best of all. Then Robert and Paul run to the dorms and David runs home.

Robert has his breakfast in his room. He takes bread and butter. He makes some coffee with the coffee-maker. Then he butters the bread and eats.

Robert lives in the dorms in San Francisco. His

Paul hört deutsche Musik

Carol ist Studentin. Sie ist zwanzig. Carol kommt aus Spanien. Sie wohnt im Studentenwohnheim. Sie ist ein sehr nettes Mädchen. Carol hat ein blaues Kleid an. Auf dem Kopf hat sie einen Hut.

Carol will heute ihre Familie anrufen. Sie geht ins Callcenter, weil ihr Telefon außer Betrieb ist. Das Callcenter ist vor dem Café. Carol ruft ihre Familie an. Sie spricht mit ihrer Mutter und ihrem Vater. Der Anruf dauert etwa fünf Minuten. Dann ruft sie ihre Freundin Angela an. Dieser Anruf dauert etwa drei Minuten.

Robert mag Sport. Er geht jeden Morgen im Park in der Nähe des Studentenwohnheims joggen. Heute läuft er auch. Er springt auch. Er springt sehr weit. Paul und David laufen und springen mit Robert. David springt weiter. Paul springt am weitesten. Er springt am besten von allen. Dann laufen Robert und Paul zum Studentenwohnheim und David nach Hause.

Robert frühstückt in seinem Zimmer. Er holt Brot und Butter. Er macht Kaffee mit der Kaffeemaschine. Dann bestreicht er das Brot mit Butter und isst.

Robert wohnt im Studentenwohnheim in San Francisco. Sein Zimmer ist in der Nähe von Pauls

room is near Paul's room. Robert's room is not big. It is clean because Robert cleans it every day. There is a table, a bed, some chairs and some more furniture in his room. Robert's books and notebooks are on the table. His bag is under the table. The chairs are at the table. Robert takes some CDs in his hand and heads to Paul's because Paul wants to listen to German music.

Paul is in his room at the table. His cat is under the table. There is some bread before the cat. The cat eats the bread. Robert hands the CDs to Paul. There is the best German music on the CDs. Paul wants to know the names of the German singers as well. Robert names his favorite singers. He names Blümchen, Nena and Herbert Grönemeyer. These names are new to Paul.

He listens to the CDs and then begins to sing the German songs! He likes these songs very much. Paul asks Robert to write the words of the songs. Robert writes the words of the best German songs for Paul. Paul says that he wants to learn the words of some songs and asks Robert to help. Robert helps Paul to learn the German words. It takes a lot of time because Robert cannot speak English well. Robert is ashamed. He cannot say some simple phrases! Then Robert goes to his room and learns English.

Zimmer. Roberts Zimmer ist nicht groß. Es ist sauber, weil Robert es jeden Tag sauber macht. In seinem Zimmer stehen ein Tisch, ein Bett, ein paar Stühle und ein paar andere Möbel. Roberts Bücher und Notizbücher liegen auf dem Tisch. Seine Tasche ist unter dem Tisch. Die Stühle stehen am Tisch. Robert nimmt ein paar CDs in die Hand und geht zu Pauls Zimmer, weil Paul deutsche Musik hören will.

Paul sitzt in seinem Zimmer am Tisch. Seine Katze ist unter dem Tisch. Vor der Katze liegt etwas Brot. Die Katze isst das Brot. Robert gibt Paul die CDs. Auf den CDs ist die beste deutsche Musik. Paul will auch die Namen der deutschen Sänger wissen. Robert nennt seine Lieblingssänger. Er nennt Jan Delay, Nena und Herbert Grönemeyer. Diese Namen sind Paul neu.

Er hört die CDs an und beginnt dann, die deutschen Lieder zu singen! Ihm gefallen die Lieder sehr. Paul bittet Robert, den Text der Lieder aufzuschreiben. Robert schreibt die Texte der besten deutschen Lieder für Paul auf. Paul sagt, dass er die Texte von ein paar Liedern lernen will, und bittet Robert um Hilfe. Robert hilft Paul, die deutschen Texte zu lernen. Es dauert sehr lange, weil Robert nicht gut Englisch spricht. Robert schämt sich. Er kann nicht einmal ein paar einfache Sätze sagen! Dann geht Robert in sein Zimmer und lernt Englisch.

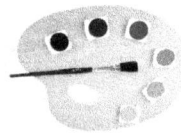

10

Paul buys textbooks on design
Paul kauft Fachbücher über Design

A

Words

Vokabeln

1. any ['enɪ] - irgendwelche
2. bye [baɪ] - tschüss
3. choose [tʃuːz] - wählen, aussuchen
4. college ['kɔlɪdʒ] - die Universität, die Uni
5. cost [kɔst] - kosten
6. design [dɪ'zaɪn] - das Design
7. explain [ɪk'spleɪn] - erklären
8. fine [faɪn] - gut
9. hello ['he'ləʊ] - hallo
10. him [hɪm] - ihm
11. kind [kaɪnd], type [taɪp] - die Art
12. language ['læŋgwɪdʒ] - die Sprache
13. lesson ['les(ə)n] - die Aufgabe, Lektion
14. look [lʊk] - schauen, betrachten

15. native language ['neɪtɪv 'læŋgwɪdʒ] - die Muttersprache
16. only ['əʊnlɪ] - nur
17. pay [peɪ] - zahlen
18. picture ['pɪktʃə] - das Foto
19. program ['prəʊgrʌm] - das Programm
20. really ['rɪəlɪ] - wirklich
21. see [siː] - sehen
22. study ['stʌdɪ] - studieren
23. textbook ['tekstbʊk] - das Fachbuch

B

Paul buys textbooks on design

Paul is Canadian and English is his native language. He studies design at college in San Francisco.

It is Saturday today and Paul has a lot of free time. He wants to buy some books on design. He goes to the nearby book shop. They may have some textbooks on design. He comes into the shop and looks at the tables with books. A woman comes to Paul. She is a shop assistant.

"Hello. Can I help you?" the shop assistant asks him.

"Hello," Paul says, "I study design at college. I need some textbooks. Do you have any textbooks on design?" Paul asks her.

"What kind of design? We have some textbooks on furniture design, car design, sport design, internet design," she explains to him.

"Can you show me some textbooks on furniture design and internet design?" Paul says to her.

"You can choose the books from the next tables. Look at them. This is a book by Italian furniture designer Palatino. This designer explains the design of Italian furniture. He explains the furniture design of Europe and the USA as well. There are some fine pictures there," the shop assistant explains.

"I see there are some lessons in the book too. This book is really fine. How much is it?" Paul asks her.

"It costs 52 dollars. And with the book you have a CD. There is a computer program for furniture

Paul kauft Fachbücher über Design

Paul ist Kanadier und seine Muttersprache ist Englisch. Er studiert Design an der Universität in San Francisco.

Heute ist Samstag und Paul hat viel Freizeit. Er will ein paar Bücher über Design kaufen. Er geht zum Buchladen in der Nähe. Der könnte Fachbücher über Design haben. Er kommt in den Laden und betrachtet den Tisch mit Büchern. Eine Frau kommt zu Paul. Sie ist eine Verkäuferin.

„Hallo, kann ich Ihnen helfen?", fragt ihn die Verkäuferin.

„Hallo", sagt Paul. „Ich studiere Design an der Universität. Ich brauche ein paar Fachbücher. Haben Sie irgendwelche Fachbücher über Design?", fragt Paul.

„Welche Art von Design? Wir haben Fachbücher über Möbeldesign, Autodesign, Sportdesign oder Internetdesign", erklärt sie ihm.

„Können Sie mir Fachbücher über Möbeldesign und Internetdesign zeigen?", fragt Paul.

„Sie können sich Bücher von den nächsten Tischen aussuchen. Schauen Sie sie sich an. Dies ist ein Buch von dem italienischen Möbeldesigner Palatino. Dieser Designer erklärt das Design italienischer Möbel. Er erklärt auch europäisches und amerikanisches Möbeldesign. In dem Buch sind einige gute Bilder", erklärt die Verkäuferin.

„Ich sehe, dass das Buch auch Aufgaben enthält. Dieses Buch ist wirklich gut. Wie viel kostet es?", fragt Paul.

„Es kostet zweiundfünfzig Dollar. Und mit dem Buch

design on the CD," the shop assistant says to him.

"I really like it," Paul says.

"You can see some textbooks on internet design there," the woman explains to him, "This book is about the computer program Microsoft Office. And these books are about the computer program Flash. Look at this red book. It is about Flash and it has some interesting lessons. Choose, please."

"How much is this red book?" Paul asks her.

"This book, with two CDs, costs only 43 dollars," the shop assistant says to him.

"I want to buy this book by Palatino about furniture design and this red book about Flash. How much must I pay for them?" Paul asks.

"You need to pay 95 dollars for these two books," the shop assistant says to him.

Paul pays. Then he takes the books and the CDs.

"Bye," the shop assistant says to him.

"Bye," Paul says to her and goes.

kommt eine CD. Auf der CD ist ein Computerprogramm für Möbeldesign", sagt die Verkäuferin.

„Das gefällt mir wirklich", sagt Paul.

„Dort können Sie sich ein paar Fachbücher über Internetdesign anschauen", erklärt ihm die Frau. „Dieses Buch ist über das Computerprogramm Microsoft Office. Und diese Bücher sind über das Computerprogramm Flash. Schauen Sie sich dieses rote Buch an. Es ist über Flash und es enthält einige interessante Lektionen. Suchen Sie sich eins aus."

„Wie viel kostet das rote Buch?", fragt Paul.

„Dieses Buch mit zwei CDs kostet nur dreiundvierzig Dollar", sagt die Verkäuferin.

„Ich möchte das Buch von Palatino über Möbeldesign und das rote Buch über Flash kaufen. Wie viel muss ich dafür zahlen?", fragt Paul.

„Sie müssen fünfundneunzig Dollar für diese zwei Bücher zahlen", sagt die Verkäuferin.

Paul zahlt. Dann nimmt er die Bücher und die CDs.

„Tschüss", sagt die Verkäuferin zu ihm.

„Tschüss", sagt Paul und geht.

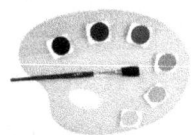

11

Robert wants to earn some money (part 1)
Robert will ein bisschen Geld verdienen (Teil 1)

A

Words
Vokabeln

1. after ['ɑːftə] - nach
2. answer ['ɑːn(t)sə] - antworten, erwidern; die Antwort
3. be continued - Fortsetzung folgt
4. better ['betə] - besser
5. box [bɔks] - die Kiste
6. day [deɪ] - der Tag; daily ['deɪlɪ] - täglich, jeden Tag
7. earn [əːn] - verdienen; I earn 10 dollars per hour. - Ich verdiene zehn Dollar pro Stunde.
8. energy ['enədʒɪ] - die Energie
9. finish ['fɪnɪʃ] - das Ende; to finish - beenden
10. hard [hɑːd] - schwer
11. hour [aʊə] - die Stunde; hourly ['aʊəlɪ] - stündlich

12. list [lɪst] - die Liste
13. load [ləʊd] - beladen; loader [ˈləʊdə] - der Verlader
14. note [nəʊt] - die Notiz
15. number [ˈnʌmbə] - die Nummer
16. o'clock [əˈklɒk] - Uhr; It is two o'clock. - Es ist zwei Uhr.
17. OK [əʊˈkeɪ], well [wel] - gut, alles klar
18. one more [wʌn mɔː] - noch einen
19. part [pɑːt] - der Teil
20. personnel department [ˌpɜːsəˈnel dɪˈpɑːtmənt] - die Personalabteilung
21. quick, quickly [kwɪk | ˈkwɪklɪ] - schnell
22. transport [trænˈspɔːt] - der Transport
23. truck [trʌk] - der Lastwagen
24. understand [ˌʌndəˈstænd] - verstehen
25. usual [ˈjuːʒ(ə)l] - normal
26. usually [ˈjuːʒ(ə)lɪ] - normalerweise

B

Robert wants to earn some money (part 1)

Robert has free time daily after college. He wants to earn some money. He heads to a job agency. They give him the address of a transport firm. The transport firm *Rapid* needs a loader. This work is really hard. But they pay 11 dollars per hour. Robert wants to take this job. So he goes to the office of the transport firm.

"Hello. I have a note for you from a job agency," Robert says to a woman in the personnel department of the firm. He gives her the note.

"Hello," the woman says, "My name is Margaret Bird. I am the head of the personnel department. What is your name?"

"My name is Robert Genscher" Robert says.

"Are you American?" Margaret asks.

"No. I am German," Robert answers.

"Can you speak and read English well?" she asks.

"Yes, I can," he says.

"How old are you, Robert?" she asks.

"I am twenty years old," Robert answers.

"Do you want to work at the transport firm as a loader?" the head of the personnel

Robert will ein bisschen Geld verdienen (Teil 1)

Robert hat jeden Tag nach der Universität freie Zeit. Er will ein bisschen Geld verdienen. Er geht in eine Arbeitsvermittlung. Sie geben ihm die Adresse einer Transportfirma. Die Transportfirma Rapid braucht einen Verlader. Diese Arbeit ist wirklich schwer. Aber sie bezahlen elf Dollar pro Stunde. Robert will den Job annehmen. Also geht er zum Büro der Transportfirma.

„Hallo. Ich habe eine Notiz für Sie von einer Arbeitsvermittlung", sagt Robert zu einer Frau in der Personalabteilung der Firma. Er gibt ihr die Notiz.

„Hallo", sagt die Frau. „Ich bin Margaret Bird. Ich bin die Leiterin der Personalabteilung. Wie heißen Sie?"

„Ich heiße Robert Genscher", sagt Robert.

„Sind Sie Amerikaner?", fragt Margaret.

„Nein, ich bin Deutscher", antwortet Robert.

„Können Sie gut Englisch sprechen und schreiben?", fragt sie.

„Ja", sagt er.

„Wie alt sind Sie?", fragt sie.

„Ich bin zwanzig", antwortet Robert.

„Wollen Sie in der Transportfirma als Verlader arbeiten?", fragt ihn die Leiterin der

department asks him.

Robert is ashamed to say that he cannot have a better job because he cannot speak English well. So he says: "I want to earn 11 dollars per hour."

"Well-well," Margaret says, "Our transport firm usually does not have much loading work. But now we really need one more loader. Can you load quickly boxes with 20 kilograms of load?"

"Yes, I can. I have a lot of energy," Robert answers.

"We need a loader daily for three hours. Can you work from four to seven o'clock?" she asks.

"Yes, my lessons finish at one o'clock," the student answers to her.

"When can you begin the work?" the head of the personnel department asks him.

"I can begin now," Robert answers.

"Well. Look at this loading list. There are some names of firms and shops in the list," Margaret explains, "Every firm and shop has some numbers. They are numbers of the boxes. And these are numbers of the trucks where you must load these boxes. The trucks come and go hourly. So you need to work quickly. OK?"

"OK," Robert answers, not understanding Margaret well.

"Now take this loading list and go to the loading door number three," the head of the personnel department says to Robert. Robert takes the loading list and goes to work.

(to be continued)

Personalabteilung.

Robert schämt sich, zu sagen, dass er keine bessere Arbeit haben kann, weil er nicht gut Englisch spricht. Deswegen sagt er: „Ich möchte elf Dollar pro Stunde verdienen."

„Na gut", sagt Margaret. „Normalerweise hat unsere Transportfirma nicht viel Verladearbeit. Aber gerade brauchen wir wirklich noch einen Verlader. Können Sie schnell Kisten mit zwanzig Kilogramm Ladung verladen?"

„Ja, das kann ich. Ich habe viel Energie", antwortet Robert.

„Wir brauchen einen Verlader für drei Stunden täglich. Können Sie von vier bis sieben Uhr arbeiten?", fragt sie.

„Ja, mein Unterricht endet um ein Uhr", antwortet der Student.

„Wann können Sie anfangen, zu arbeiten?", fragt ihn die Leiterin der Personalabteilung.

„Ich kann jetzt anfangen", erwidert Robert.

„Gut. Schauen Sie sich diese Ladeliste an. Dort stehen Namen von Firmen und Läden", erklärt Margaret. „Bei jeder Firma und jedem Laden stehen ein paar Nummern. Das sind die Nummern der Kisten. Und das sind die Nummern der Lastwägen, auf die Sie die Kisten laden müssen. Die Lastwägen kommen und gehen stündlich. Sie müssen also schnell arbeiten. Alles klar?"

„Alles klar", antwortet Robert, ohne Margaret richtig zu verstehen.

„Nehmen Sie jetzt diese Ladeliste und gehen Sie zur Ladetür Nummer drei", sagt die Leiterin der Personalabteilung zu Robert. Robert nimmt die Ladeliste und geht arbeiten.

(Fortsetzung folgt)

12

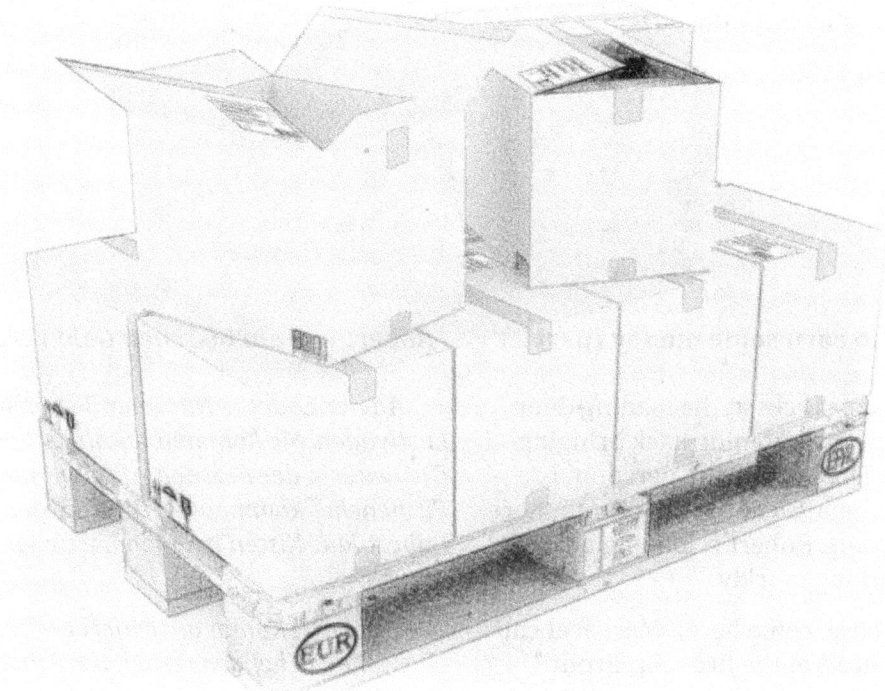

Robert wants to earn some money (part 2)
Robert will ein bisschen Geld verdienen (Teil 2)

A

Words

Vokabeln

1. back [bæk] - zurück
2. bad [bæd] - schlecht
3. be sorry [bi ˈsɔrɪ] - leid tun; I am sorry. [ˈaɪ əm ˈsɔri] - Es tut mir leid.
4. bring [brɪŋ] - bringen
5. correct [kəˈrekt], correctly [kəˈrektlɪ] - richtig; to correct - korrigieren
6. incorrectly [ɪnkəˈrektlɪ] - falsch
7. drive [draɪv] - fahren
8. driver [ˈdraɪvə] - der Fahrer
9. get up - aufstehen; Get up! - Steh auf!
10. glad [glæd] - froh
11. hate [heɪt] - hassen
12. here [hɪə] (a place) - hier (Ort)

13. here [hɪə] (a direction) - hierher (Richtung)
14. here is - hier ist
15. instead of [ɪn'sted ɔv] - anstelle von
16. instead of you - an deiner Stelle
17. meet [miːt] - treffen, kennenlernen
18. mister, Mr. ['mɪstə] - Herr, Hr.
19. mom [mɔm], mother - Mama, die Mutter
20. Monday ['mʌndeɪ] - Montag
21. reason ['riːz(ə)n] - der Grund
22. son [sʌn] - der Sohn
23. teacher ['tiːtʃə] - der Lehrer
24. their [ðeə] - ihr
25. walk [wɔːk] - gehen
26. your [jə] - dein

B

Robert wants to earn some money (part 2)

There are many trucks at the loading door number three. They are coming back bringing back their loads. The head of the personnel department and the head of the firm come there. They come to Robert. Robert is loading boxes in a truck. He is working quickly.

"Hey, Robert! Please, come here," Margaret calls him, "This is the head of the firm, Mr. Profit."

"I am glad to meet you," Robert says coming to them.

"I too," Mr. Profit answers, "Where is your loading list?"

"It is here," Robert gives him the loading list.

"Well-well," Mr. Profit says looking in the list, "Look at these trucks. They are coming back bringing back their loads because you load the boxes incorrectly. The boxes with books go to a furniture shop instead of the book shop, the boxes with videocassettes and DVDs go to a café instead of the video shop, and the boxes with sandwiches go to a video shop instead of the café! It is bad work! Sorry but you cannot work at our firm," Mr. Profit says and walks back to the office.

Robert cannot load boxes correctly because he can read and understand very few English words. Margaret looks at him. Robert is

Robert will ein bisschen Geld verdienen (Teil 2)

An der Ladetür Nummer 3 stehen viele Lastwagen. Sie kommen mit ihrer Ladung zurück. Die Leiterin der Personalabteilung und der Firmenchef kommen dorthin. Sie gehen zu Robert. Robert lädt Kisten in einen Lastwagen. Er arbeitet schnell.

„Hey Robert! Komm bitte hierher!", ruft Margaret. „Das ist der Chef der Firma, Herr Profit."

„Es freut mich, Sie kennenzulernen", sagt Robert auf sie zugehend.

„Mich auch", antwortet Hr. Profit. „Wo ist Ihre Ladeliste?"

„Hier ist sie." Robert gibt ihm die Ladeliste.

„Na gut", sagt Hr. Profit, während er auf die Liste schaut. „Sehen Sie diese Lastwagen? Sie bringen ihre Fracht zurück, weil Sie die Kisten falsch verladen haben. Die Kisten mit Büchern werden zu einem Möbelladen gebracht anstelle von einem Buchladen, die Kisten mit Videos und DVDs zu einem Café anstelle von einer Videothek und die Kisten mit Sandwiches zu einer Videothek anstelle von einem Café! Das ist schlechte Arbeit! Es tut mir leid, aber Sie können nicht in unserer Firma arbeiten", sagt Hr. Profit und geht zurück in sein Büro.

Robert kann die Kisten nicht richtig verladen, weil er nur sehr wenig Englisch lesen und verstehen kann.

ashamed.

"Robert, you can learn English better and then come again. OK?" Margaret says.

"OK," Robert answers, "Bye Margaret."

"Bye Robert," Margaret answers.

Robert walks home. He wants to learn English better now and then take a new job.

It is time to go to college

Monday morning a mother comes into the room to wake up her son.

"Get up, it is seven o'clock. It is time to go to college!"

"But why, Mom? I don't want to go."

"Name me two reasons why you don't want to go," the mother says to the son.

"The students hate me for one and the teachers hate me too!"

"Oh, they are not reasons not to go to college. Get up!"

"OK. Name me two reasons why I must go to college," he says to his mother.

"Well, for one, you are 55 years old. And for two, you are the head of the college! Get up now!"

Margaret sieht ihn an. Robert schämt sich.

„Robert, du kannst dein Englisch verbessern und dann wiederkommen, ok?", sagt Margaret.

„Ok", antwortet Robert. „Tschüss Margaret".

„Tschüss Robert", antwortet Margaret.

Robert geht nach Hause. Er will jetzt sein Englisch verbessern und sich dann eine neue Arbeit suchen.

Es ist an der Zeit, in die Uni zu gehen

An einem Montagmorgen kommt eine Mutter ins Zimmer, um ihren Sohn aufzuwecken.

„Steh auf, es ist sieben Uhr. Es ist an der Zeit, in die Uni zu gehen!"

„Aber warum, Mama? Ich will nicht gehen."

„Nenne mir zwei Gründe, warum du nicht gehen willst", sagt die Mutter zu ihrem Sohn.

„Die Studenten hassen mich und die Lehrer auch!"

„Oh, das sind keine Gründe, um nicht in die Uni zu gehen. Steh auf!"

„Ok. Nenn mir zwei Gründe, warum ich in die Uni muss", sagt er zu seiner Mutter.

„Gut, einerseits, weil du fünfundfünfzig Jahre alt bist. Und andererseits, weil du der Direktor der Universität bist! Steh jetzt auf!"

Fortgeschrittene Anfänger Stufe A2

13

The name of the hotel

Der Name des Hotels

A

Words

1. advert [əd'vəːt] - die Werbung
2. again [ə'gen] - wieder
3. already [ɔːl'redɪ] - schon
4. angry ['æŋgrɪ] - wütend
5. another [ə'nʌðə] - ein anderer, eine andere, ein anderes
6. away [ə'weɪ] - weg
7. bridge [brɪdʒ] - die Brücke
8. down [daʊn] - nach unten
9. evening ['iːvnɪŋ] - der Abend
10. find [faɪnd] - finden
11. foot [fʊt] - der Fuß
12. on foot - zu Fuß
13. lake [leɪk] - der See
14. lift [lɪft] - der Aufzug
15. night [naɪt] - die Nacht
16. now [naʊ] - jetzt, zurzeit, gerade
17. open ['əʊpən] - öffnen
18. over ['əʊvə], across [ə'krɔs] - über
19. past [paːst] - vorbei
20. Poland [p'əʊlənd] - Polen
21. round [raʊnd] - rund
22. see [siː] - sehen
23. show [ʃəʊ] - zeigen

24. silly ['sɪlɪ] - dumm
25. sleep [sliːp] - schlafen
26. smile [smaɪl] - das Lächeln
27. to smile - lächeln
28. stand [stænd] - stehen
29. stop [stɔp] - anhalten
30. surprise [səˈpraɪz] - die Überraschung
31. to surprise - überraschen
32. surprised - überrascht, verwundert

33. taxi [ˈtæksɪ] - das Taxi
34. taxi driver [ˈtæksi ˈdraɪvə] - der Taxifahrer
35. then [ðen] - dann
36. through [θruː] - hindurch
37. tired [ˈtaɪəd] - müde
38. walk [wɔːk] - gehen
39. way [weɪ] - der Weg

B

The name of the hotel

This is a student. His name is Kasper. Kasper is from Poland. He cannot speak English. He wants to learn English at a college in the USA. Kasper lives in a hotel in San Francisco now.

He is in his room now. He is looking at the map. This map is very good. Kasper sees streets, squares and shops on the map. He goes out of the room and through the long corridor to the lift. The lift takes him down. Kasper goes through the big hall and out of the hotel. He stops near the hotel and writes the name of the hotel into his notebook.

There is a round square and a lake at the hotel. Kasper goes across the square to the lake. He walks round the lake to the bridge. Many cars, trucks and people go over the bridge. Kasper goes under the bridge. Then he walks along a street to the city centre. He goes past many nice buildings.

It is evening already. Kasper is tired and he wants to go back to the hotel. He stops a taxi, then opens his notebook and shows the name of the hotel to the taxi driver. The taxi driver looks in the notebook, smiles and drives away. Kasper cannot understand it. He stands and looks in his notebook. Then he stops another taxi and shows the name of the hotel to the taxi driver again.

Der Name des Hotels

Das ist ein Student. Er heißt Kasper. Kasper kommt aus Polen. Er spricht kein Englisch. Er will an einer Universität in den USA Englisch lernen. Kasper wohnt zurzeit in einem Hotel in San Francisco.

Gerade ist er in seinem Zimmer. Er schaut auf die Karte. Diese Karte ist sehr gut. Kasper sieht Straßen, Plätze und Läden auf der Karte. Er geht aus dem Zimmer und durch den langen Gang zum Aufzug. Der Aufzug bringt ihn nach unten. Kasper geht durch die große Halle und aus dem Hotel. Er hält in der Nähe des Hotels an und schreibt den Namen des Hotels in sein Notizbuch.

Beim Hotel gibt es einen runden Platz und einen See. Kasper geht über den Platz zum See. Er geht um den See zur Brücke. Viele Autos, Lastwägen und Menschen überqueren die Brücke. Kasper geht unter der Brücke hindurch. Dann geht er eine Straße entlang zum Stadtzentrum. Er geht an vielen schönen Gebäuden vorbei.

Es ist schon Abend. Kasper ist müde und will zurück ins Hotel gehen. Er hält ein Taxi an, öffnet dann sein Notizbuch und zeigt dem Taxifahrer den Namen des Hotels. Der Taxifahrer schaut in das Notizbuch, lächelt und fährt weg. Kasper versteht nichts. Er steht da und schaut in sein Notizbuch. Dann hält er ein anderes Taxi an und zeigt dem Taxifahrer wieder den Namen des Hotels. Der Fahrer schaut in das

The driver looks in the notebook. Then he looks at Kasper, smiles and drives away too.

Kasper is surprised. He stops another taxi. But this taxi drives away too. Kasper cannot understand it. He is surprised and angry. But he is not silly. He opens his map and finds the way to the hotel. He comes back to the hotel on foot.

It is night. Kasper is in his bed. He is sleeping. The stars are looking into the room through the window. The notebook is on the table. It is open. "Ford is the best car". This is not the name of the hotel. This is an advert on the building of the hotel.

Notizbuch. Dann schaut er Kasper an, lächelt und fährt auch weg.

Kasper ist verwundert. Er hält ein anderes Taxi an. Aber auch dieser Taxifahrer fährt weg. Kasper kann das nicht verstehen. Er ist verwundert und wütend. Aber er ist nicht dumm. Er öffnet seine Karte und findet den Weg zum Hotel. Er kehrt zu Fuß zum Hotel zurück.

Es ist Nacht. Kasper ist in seinem Bett. Er schläft. Die Sterne schauen durch das Fenster ins Zimmer. Das Notizbuch liegt auf dem Tisch. Es ist offen. „Ford ist das beste Auto". Das ist nicht der Name des Hotels. Das ist Werbung am Hotelgebäude.

14

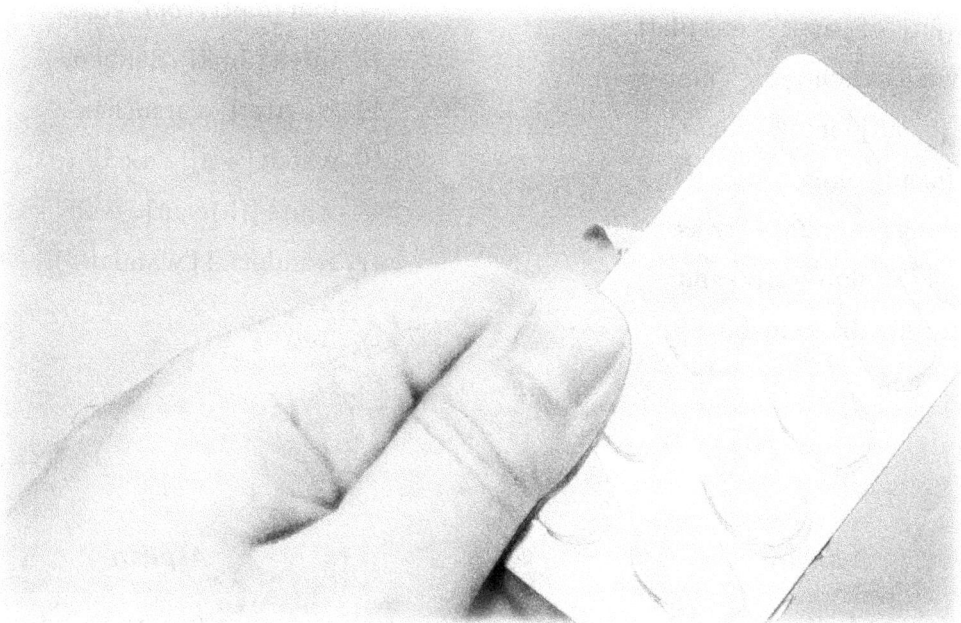

Aspirin
Aspirin

A

Words

1. answer [ˈɑːn(t)sə] - die Lösung
2. aspirin [ˈæspərɪn] - das Aspirin
3. at last [ət lɑːst] - schließlich
4. at one o'clock [ət wʌn əˈklɔk] - um eins
5. break [breɪk], pause - die Pause
6. chemical [ˈkemɪk(ə)l] (adj) - chemisch
7. chemicals - die Chemikalien
8. chemistry [ˈkemɪstrɪ] - die Chemie
9. classroom [ˈklɑsrʊm] - das Klassenzimmer
10. crystal [ˈkrɪstəl] - das Kristall
11. desk [desk] - der Schreibtisch
12. dorms [dɔːmz] - das Studentenwohnheim
13. for [fə] - für
14. get [get] (something) - (etwas) erhalten
15. get [get] (somewhere) - ankommen
16. grey [greɪ] - grau
17. guy [gaɪ] - der Junge
18. half [hɑːf] - halb
19. of course [əv kɔːs] - natürlich
20. often [ˈɔf(t)ən] - oft

21. paper ['peɪpə] - das Papier
22. past [paːst] - nach
23. at half past eight - um halb neun
24. pharmacy ['faːməsɪ] - die Apotheke
25. pill [pɪl] - die Tablette
26. sheet [ʃiːt] (of paper) - das Blatt
27. sit down [sɪt daʊn] - sich hinsetzen
28. smart [smaːt] - intelligent
29. some [sʌm] - einige
30. something ['sʌmθɪŋ] - etwas
31. stinking ['stɪŋkɪŋ] - stinkend
32. task [taːsk] - die Aufgabe
33. ten [ten] - zehn
34. test [test] - die Prüfung
35. to test - prüfen
36. to pass [paːs] a test - eine Prüfung bestehen
37. that [ðæt] *(conj)* - dass
38. think [θɪŋk] - denken
39. try [traɪ] - versuchen
40. watch [wɔtʃ] - die Uhr
41. white [(h)waɪt] - weiß
42. wonderful ['wʌndəf(ə)l] - wunderbar

B

Aspirin

This is Robert's friend. His name is Paul. Paul is from Canada. English is his native language. He can speak French very well too. Paul lives in the dorms. Paul is in his room now. Paul has a chemistry test today. He looks at his watch. It is eight o'clock. It is time to go.

Paul goes outside. He goes to the college. The college is near the dorms. It takes him about ten minutes to go to the college. Paul comes to the chemical classroom. He opens the door and looks into the classroom. There are some students and the teacher there. Paul comes into the classroom.

"Hello," he says.

"Hello," the teacher and the students answer.

Paul comes to his desk and sits down. The chemistry test begins at half past eight. The teacher comes to Paul's desk.

"Here is your task," the teacher says. Then he gives Paul a sheet of paper with the task, "You must make aspirin. You can work from half past eight to twelve o'clock. Begin, please," the

Aspirin

Das ist ein Freund von Robert. Er heißt Paul. Paul kommt aus Kanada. Seine Muttersprache ist Englisch. Er spricht auch sehr gut Französisch. Paul wohnt im Studentenwohnheim. Paul ist gerade in seinem Zimmer. Paul hat heute eine Prüfung in Chemie. Er schaut auf die Uhr. Es ist acht Uhr. Es ist an der Zeit, zu gehen.

Paul geht nach draußen. Er geht zur Universität. Die Uni ist in der Nähe des Wohnheims. Er braucht etwa zehn Minuten bis zur Uni. Paul kommt zum Klassenzimmer. Er öffnet die Tür und schaut ins Klassenzimmer. Einige Studenten und der Lehrer sind da. Paul betritt das Klassenzimmer.

„Hallo", sagt er.

„Hallo", antworten der Lehrer und die Studenten.

Paul geht zu seinem Schreibtisch und setzt sich hin. Die Prüfung beginnt um halb neun. Der Lehrer kommt zu Pauls Tisch.

„Hier ist deine Aufgabe", sagt der Lehrer. Dann gibt er Paul ein Blatt Papier mit der Aufgabe. „Du musst Aspirin herstellen. Du kannst von halb neun bis zwölf

teacher says.

Paul knows this task. He takes some chemicals and begins. He works for ten minutes. At last he gets something grey and stinking. This is not good aspirin. Paul knows that he must get big white crystals of aspirin. Then he tries again and again. Paul works for an hour but he gets something grey and stinking again.

Paul is angry and tired. He cannot understand it. He stops and thinks a little. Paul is a smart guy. He thinks for a minute and then finds the answer! He stands up.

"May I have a break for ten minutes?" Paul asks the teacher.

"Of course, you may," the teacher answers.

Paul goes outside. He finds a pharmacy near the college. He comes in and buys some pills of aspirin. In ten minutes he comes back to the classroom. The students sit and work. Paul sits down.

"May I finish the test?" Paul says to the teacher in five minutes.

The teacher comes to Paul's desk. He sees big white crystals of aspirin. The teacher stops in surprise. He stands and looks at aspirin for a minute.

"It is wonderful! Your aspirin is so nice! But I cannot understand it! I often try to get aspirin and I get only something grey and stinking," the teacher says, "You passed the test," he says.

Paul goes away after the test. The teacher sees something white at Paul's desk. He comes to the desk and finds the paper from the aspirin pills.

"Smart guy. Ok, Paul. Now you have a problem," the teacher says.

Uhr arbeiten. Fang bitte an", sagt der Lehrer.

Paul weiß, wie diese Aufgabe geht. Er nimmt einige Chemikalien und beginnt. Er arbeitet zehn Minuten lang. Das Ergebnis ist grau und stinkt. Das ist nicht gutes Aspirin. Paul weiß, dass er große, weiße Aspirinkristalle erhalten muss. Dann versucht er es wieder und wieder. Paul arbeitet eine Stunde lang, aber das Ergebnis ist wieder grau und stinkend.

Paul ist wütend und müde. Er kann es nicht verstehen. Er macht eine Pause und denkt ein bisschen nach. Paul ist intelligent. Er denkt ein paar Minuten nach und findet dann die Lösung! Er steht auf.

„Kann ich zehn Minuten Pause machen?", fragt er den Lehrer.

„Ja, natürlich", antwortet der Lehrer.

Paul geht nach draußen. Er findet eine Apotheke in der Nähe der Uni. Er geht hinein und kauft ein paar Tabletten Aspirin. Nach zehn Minuten kommt er zurück ins Klassenzimmer. Die Studenten sitzen da und arbeiten. Paul setzt sich hin.

„Kann ich die Prüfung beenden?", fragt Paul den Lehrer nach fünf Minuten.

Der Lehrer kommt zu Pauls Tisch. Er sieht große, weiße Aspirinkristalle. Der Lehrer ist überrascht. Er bleibt stehen und schaut eine Weile auf das Aspirin.

„Wunderbar! Dein Aspirin ist gut! Aber ich kann das nicht verstehen! Ich versuche oft, Aspirin herzustellen, aber alles, was ich herausbekomme, ist grau und stinkt", sagt der Lehrer. „Du hast die Prüfung bestanden".

Paul geht nach der Prüfung weg. Der Lehrer sieht etwas Weißes auf Pauls Tisch. Er geht zum Tisch und findet das Papier der Aspirintabletten.

„Intelligenter Junge. Na ja, Paul, jetzt hast du ein Problem", sagt der Lehrer.

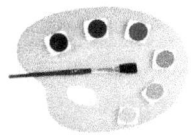

15

Nancy and the kangaroo
Nancy und das Känguru

A

Words

1. bookcase [ˈbʊkkeɪs] - das Bücherregal
2. bother [ˈbɔðə] - ärgern
3. cry [kraɪ] - weinen, schreien, rufen
4. doll [dɔl] - die Puppe
5. ear [ɪə] - das Ohr
6. fall [fɔːl] - der Fall
7. to fall - fallen
8. full [fʊl] - voll
9. hair [heə] - das Haar
10. happy [ˈhæpɪ] - glücklich
11. Hey! [heɪ] - Hey!
12. hit [hɪt], beat [biːt] - schlagen
13. ice-cream [ˌaɪsˈkriːm] - das Eis
14. its [ɪts] *(for neuter)* - sein
15. kangaroo [ˌkæŋ(ə)ˈruː] - das Känguru
16. let us, let's [let əz | lets] - lass uns
17. lion [ˈlaɪən] - der Löwe
18. me [miː] - mich

19. monkey [ˈmʌŋkɪ] - der Affe
20. Oh! [əʊ] - Oh!
21. okay [əʊˈkeɪ], well - okay, gut
22. pail [peɪl] - der Eimer
23. plan [plæn] - der Plan
24. to plan - planen
25. poor [pɔː | pʊə] - arm
26. pull [pʊl] - ziehen
27. quietly [ˈkwaɪətlɪ] - leise
28. strong [strɒŋ], strongly [stˈrɒŋlɪ] - stark
29. study [ˈstʌdɪ] - studieren
30. tail [teɪl] - der Schwanz
31. tiger [ˈtaɪgə] - der Tiger
32. together [təˈgeðə] - zusammen
33. toy [tɔɪ] - das Spielzeug
34. us [əs] - uns
35. water [ˈwɔːtə] - das Wasser
36. wet [wet] - nass
37. what [(h)wɔt] - was, welcher / welche / welches
38. What is this? - Was ist das?
39. What table? - Welcher Tisch?
40. when [(h)wen] - wenn
41. wide [waɪd], widely [ˈwaɪdlɪ] - weit
42. year [jɪə] - das Jahr
43. zebra [ˈziːbrə] - das Zebra
44. zoo [zuː] - der Zoo

B

Nancy and the kangaroo

Robert is a student now. He studies at a college. He studies English. Robert lives at the dorms. He lives next door to Paul's.

Robert is in his room now. He takes the telephone and calls his friend David.

"Hello," David answers the call.

"Hello David. It is Robert here. How are you?" Robert says.

"Hello Robert. I am fine. Thanks. And how are you?" David answers.

"I am fine too. Thanks. I will go for a walk. What are your plans for today?" Robert says.

"My sister Nancy asks me to take her to the zoo. I will take her there now. Let us go together," David says.

"Okay. I will go with you. Where will we meet?" Robert asks.

"Let us meet at the bus stop Olympic. And ask

Nancy und das Känguru

Robert ist jetzt Student. Er studiert an der Universität. Er studiert Englisch. Robert wohnt im Studentenwohnheim. Er ist Pauls Nachbar.

Robert ist gerade in seinem Zimmer. Er nimmt sein Telefon und ruft seinen Freund David an.

David geht ans Telefon und sagt: „Hallo."

„Hallo David. Ich bin es, Robert. Wie geht's dir?", sagt Robert.

„Hallo Robert. Mir geht's gut. Danke. Und dir?", antwortet David.

„Mir geht's auch gut, danke. Ich werde einen Ausflug machen. Was hast du heute vor?", sagt Robert.

„Meine Schwester Nancy will mit mir in den Zoo gehen. Ich werde jetzt mit ihr dorthin gehen. Lass uns zusammen gehen", sagt David.

„Alles klar, ich komme mit. Wo treffen wir uns?", fragt Robert.

„Lass uns an der Bushaltestelle Olympic treffen. Und

Paul to come with us too," David says.

"Okay. Bye," Robert answers.

"See you. Bye," David says.

Then Robert goes to Paul's room. Paul is in his room.

"Hello," Robert says.

"Oh, hello Robert. Come in, please," Paul says. Robert comes in.

"David, his sister and I will go to the zoo. Will you go together with us?" Robert asks.

"Of course, I will go too!" Paul says.

Robert and Paul drive to the bus stop Olympic. They see David and his sister Nancy there.

David's sister is only five years old. She is a little girl and she is full of energy. She likes animals very much. But Nancy thinks that animals are toys. The animals run away from her because she bothers them very much. She can pull tail or ear, hit with a hand or with a toy. Nancy has a dog and a cat at home. When Nancy is at home the dog is under a bed and the cat sits on the bookcase. So she cannot get them.

Nancy, David, Robert and Paul come into the zoo.

There are many animals in the zoo. Nancy is very happy. She runs to the lion and to the tiger. She hits the zebra with her doll. She pulls the tail of a monkey so strong that all the monkeys run away crying. Then Nancy sees a kangaroo. The kangaroo drinks water from a pail. Nancy smiles and comes to the kangaroo very quietly. And then...

"Hey!! Kangaroo-oo-oo!!" Nancy cries and pulls its tail. The kangaroo looks at Nancy with wide open eyes. It jumps in surprise so that the pail with water flies up and falls on Nancy. Water runs down her hair, her face and her dress. Nancy is all wet.

"You are a bad kangaroo! Bad!" she cries.

Some people smile and some people say: "Poor girl." David takes Nancy home.

"You must not bother the animals," David says

frag Paul, ob er auch mitkommen will", sagt David.

„Alles klar. Tschüss", antwortet Robert.

„Bis gleich", sagt David.

Dann geht Robert zu Pauls Zimmer. Paul ist in seinem Zimmer.

„Hallo", sagt Robert.

„Oh, hallo Robert. Komm rein", sagt Paul. Robert betritt das Zimmer.

„David, seine Schwester und ich gehen in den Zoo. Willst du mitkommen?", fragt Robert.

„Natürlich komme ich mit", sagt Paul.

Robert und Paul fahren bis zur Bushaltestelle Olympic. Dort sehen sie David und seine Schwester Nancy.

Davids Schwester ist erst fünf. Sie ist ein kleines Mädchen und voller Energie. Sie mag Tiere sehr gerne. Aber Nancy denkt, dass Tiere Spielzeug sind. Die Tiere rennen vor ihr weg, weil sie sie sehr ärgert. Sie zieht sie am Schwanz oder am Ohr, schlägt sie mit der Hand oder mit einem Spielzeug. Zu Hause hat Nancy einen Hund und eine Katze. Wenn Nancy zu Hause ist, sitzt der Hund unter dem Bett und die Katze auf dem Bücherregal. So kann Nancy sie nicht kriegen.

Nancy, David, Robert und Paul betreten den Zoo.

Im Zoo gibt es sehr viele Tiere. Nancy ist glücklich. Sie rennt zu den Löwen und Tigern. Sie schlägt das Zebra mit ihrer Puppe. Sie zieht so stark am Schwanz eines Affen, dass alle Affen schreiend wegrennen. Dann sieht Nancy ein Känguru. Das Känguru trinkt Wasser aus einem Eimer. Nancy lächelt und nähert sich dem Känguru langsam. Und dann...

„Hey!!! Kängruu-uu-uu!!", schreit Nancy und zieht es am Schwanz. Das Känguru sieht Nancy mit weit aufgerissenen Augen an. Vor Schreck macht es einen Satz, sodass der Wassereimer in die Luft fliegt und auf Nancy fällt. Wasser läuft über ihr Haar, ihr Gesicht und ihr Kleid. Nancy ist ganz nass.

„Du bist ein böses Känguru! Böse!", ruft sie.

Einige Leute lächeln und einige Leute sagen: „Armes Mädchen." David bringt Nancy nach Hause.

„Du darfst die Tiere nicht ärgern", sagt David und

and gives an ice-cream to her. Nancy eats the ice-cream.

"Okay. I will not play with very big and angry animals," Nancy thinks, "I will play with little animals only." She is happy again.

gibt ihr ein Eis. Nancy isst das Eis.

„Okay, ich werde nicht mehr mit sehr großen und wütenden Tieren spielen", denkt Nancy. „Ich werde nur noch mit kleinen Tieren spielen." Sie ist wieder glücklich.

16

Parachutists
Die Fallschirmspringer

A

Words

1. after [ˈɑːftə] - nach
2. air [eə] - die Luft
3. airplane [ˈeəpleɪn] - das Flugzeug
4. airshow [ˈeəʃəʊ] - die Flugschau
5. angrily [ˈæŋgrɪlɪ] - wütend
6. audience [ˈɔːdɪəns] - das Publikum
7. be [biː] - sein
8. believe [bɪˈliːv] - glauben; to not believe one's eyes - seinen Augen nicht trauen
9. by the way [baɪ ðə ˈweɪ] - übrigens
10. catch [kætʃ] - fangen
11. close [kləʊz] - schließen
12. clothes [kləʊðz] - die Kleidung
13. club [klʌb] - der Verein
14. daddy [ˈdædɪ] - Papa
15. do [duː] - machen
16. fallen [ˈfɔːlən] - abgestürzt
17. falling [ˈfɔːlɪŋ] - fallend

18. get off ['get ɔf] - aussteigen
19. great [greɪt] - super, toll
20. if [ɪf] - ob
21. inside [ˌɪn'saɪd] - in
22. jacket ['dʒækɪt] - die Jacke
23. just [dʒʌst] - einfach
24. land [lænd] - landen
25. life [laɪf] - das Leben
26. life-saving trick - der Rettungstrick
27. member ['membə] - das Mitglied
28. metal ['met(ə)l] - das Metall
29. nine [naɪn] - neun
30. other ['ʌðə] - andere, andere, andere
31. over ['əʊvə] - über
32. own [əʊn] - eigener, eigene, eigenes
33. parachute ['pærəʃuːt] - der Fallschirm
34. parachutist ['pærəʃuːtɪst] - der Fallschirmspringer
35. part [paːt] - der Teil
36. pilot ['paɪlət] - der Pilot
37. prepare [prɪ'peə] - vorbereiten

38. push [pʊʃ] - stoßen, ziehen
39. put on ['pʊt ɔn] - sich anziehen
40. dressed [drest] - angezogen
41. real [rɪəl] - wirklich
42. red [red] - rot
43. roof [ruːf] - das Dach
44. rubber ['rʌbə] - der Gummi
45. save [seɪv] - retten
46. seat [siːt] - der Sitz; take a seat [teɪk ə siːt] - sich hinsetzen
47. silent ['saɪlənt], silently ['saɪləntli] - leise
48. stuffed [stʌft] - ausgestopft; stuffed parachutist - die Fallschirmspringerpuppe
49. team [tiːm] - die Mannschaft
50. train [treɪn] - trainieren; trained - trainiert
51. trick [trɪk] - der Trick
52. trousers ['traʊzəz] - die Hose
53. yellow ['jeləʊ] - gelb

B

Parachutists

It is morning. Robert comes to Paul's room. Paul is sitting at the table and writing something. Paul's cat Favorite is on Paul's bed. It is sleeping quietly.

"May I come in?" Robert asks.

"Oh, Robert. Come in please. How are you?" Paul answers.

"Fine. Thanks. How are you?" Robert says.

"I am fine. Thanks. Sit down, please," Paul

Die Fallschirmspringer

Es ist Morgen. Robert kommt in Pauls Zimmer. Paul sitzt am Tisch und schreibt etwas. Pauls Katze Favorite sitzt auf Pauls Bett. Sie schläft ruhig.

„Kann ich reinkommen?", fragt Robert.

„Oh, Robert. Komm rein. Wie geht's dir?", antwortet Paul.

„Gut, danke. Und dir?", sagt Robert.

„Danke, auch gut. Setz dich", antwortet Paul.

answers.

Robert sits on a chair.

"You know I am a member of a parachute club. We are having an airshow today," Robert says, "I am going to make some jumps there."

"It is very interesting," Paul answers, "I may come to see the airshow."

"If you want I can take you there and you can fly in an airplane," Robert says.

"Really? That will be great!" Paul cries, "What time is the airshow?"

"It begins at ten o'clock in the morning," Robert answers, "David will come too. By the way we need help to push a stuffed parachutist out of the airplane. Will you help?"

"A stuffed parachutist? Why?" Paul says in surprise.

"You see, it is a part of the show," Robert says, "This is a life-saving trick. The stuffed parachutist falls down. At this time a real parachutist flies to it, catches it and opens his own parachute. The "man" is saved!"

"Great!" Paul answers, "I will help. Let's go!"

Paul and Robert go outside. They come to the bus stop Olympic and take a bus. It takes only ten minutes to go to the airshow. When they get off the bus, they see David.

"Hello David," Robert says, "Let's go to the airplane."

They see a parachute team at the airplane. They come to the head of the team. The head of the team is dressed in red trousers and a red jacket.

"Hello Martin," Robert says, "Paul and David will help with the life-saving trick."

"Okay. The stuffed parachutist is here," Martin says. He gives them the stuffed parachutist. The stuffed parachutist is dressed in red trousers and a red jacket.

"It is dressed like you," David says smiling to Martin.

Robert setzt sich auf einen Stuhl.

„Du weißt doch, dass ich Mitglied in einem Fallschirmspringerverein bin. Wir haben heute eine Flugschau", sagt Robert. „Ich werde ein paar Sprünge machen".

„Das ist interessant", antwortet Paul. „Ich komme vielleicht zuschauen."

„Wenn du willst, kann ich dich mitnehmen und du kannst in einem Flugzeug mitfliegen", sagt Robert.

„Echt? Das wäre super!", ruft Paul. „Um wie viel Uhr ist die Flugschau?"

„Sie fängt um zehn Uhr morgens an", antwortet Robert. „David kommt auch. Übrigens, wir brauchen Hilfe, eine Fallschirmspringerpuppe aus dem Flugzeug zu werfen. Kannst du helfen?"

„Eine Fallschirmspringerpuppe? Warum?", fragt Paul überrascht.

„Ach, weißt du, das ist ein Teil der Schau", sagt Robert. „Es ist ein Rettungstrick. Die Puppe fällt herunter. In dem Moment fliegt ein echter Fallschirmspringer zu ihr, fängt sie und öffnet seinen eigenen Fallschirm. Der „Mann" ist gerettet!"

„Toll!", antwortet Paul. „Ich helfe. Lass uns gehen!"

Paul und Robert gehen nach draußen. Sie kommen zur Bushaltestelle Olympic und nehmen einen Bus. Es dauert nur zehn Minuten bis zur Flugschau. Als sie aus dem Bus steigen, sehen sie David.

„Hallo David", sagt Robert. „Lass uns zum Flugzeug gehen."

Beim Flugzeug sehen sie eine Fallschirmspringermannschaft. Der Führer der Mannschaft hat eine rote Hose und eine rote Jacke an.

„Hallo Martin", sagt Robert. „Paul und David helfen beim Rettungstrick."

„Okay. Hier ist die Puppe", sagt Martin. Er gibt ihnen die Fallschirmspringerpuppe. Die Puppe trägt eine rote Hose und eine rote Jacke.

„Sie trägt die gleiche Kleidung wie du", sagt David und grinst Martin an.

"We have no time to talk about it," Martin says, "Take it into this airplane."

Paul and David take the stuffed parachutist into the airplane. They take seats at the pilot. All the parachute team but its head gets into the airplane. They close the door. In five minutes the airplane is in the air. When it flies over San Francisco David sees his own house.

"Look! My house is there!" David cries.

Paul looks through the window at streets, squares, and parks of the city. It is wonderful to fly in an airplane.

"Prepare to jump!" the pilot cries. The parachutists stand up. They open the door.

"Ten, nine, eight, seven, six, five, four, three, two, one. Go!" the pilot cries.

The parachutists begin to jump out of the airplane. The audience down on the land sees red, green, white, blue, yellow parachutes. It looks very nice. Martin, the head of the parachute team is looking up too. The parachutists are flying down and some are landing already.

"Okay. Good work guys," Martin says and goes to the nearby café to drink some coffee.

The airshow goes on.

"Prepare for the life-saving trick!" the pilot cries.

David and Paul take the stuffed parachutist to the door.

"Ten, nine, eight, seven, six, five, four, three, two, one. Go!" the pilot cries.

Paul and David push the stuffed parachutist through the door. It goes out but then stops. Its rubber "hand" catches on some metal part of the airplane.

"Go-go boys!" the pilot cries.

The boys push the stuffed parachutist very strongly but cannot get it out.

The audience down on the land sees a man dressed in red in the airplane door. Two other men are trying to push him out. People cannot

„Wir haben keine Zeit, darüber zu reden", sagt Martin. „Nehmt sie mit in dieses Flugzeug."

Paul und David bringen die Puppe ins Flugzeug. Sie setzen sich neben den Piloten. Die ganze Fallschirmspringermannschaft außer ihrem Führer besteigt das Flugzeug. Sie schließen die Tür. Nach fünf Minuten ist das Flugzeug in der Luft. Als es über San Francisco fliegt, sieht David sein Haus.

„Schau! Da ist mein Haus!", ruft David.

Paul sieht aus dem Fenster auf Straßen, Plätze und Parks. Es ist toll, in einem Flugzeug zu fliegen.

„Zum Sprung bereit machen!", ruft der Pilot. Die Fallschirmspringer stehen auf. Sie öffnen die Tür.

„Zehn, neun, acht, sieben, sechs, fünf, vier, drei, zwei, eins! Los!", ruft der Pilot.

Die Fallschirmspringer beginnen, aus dem Flugzeug zu springen. Das Publikum auf dem Boden sieht rote, grüne, weiße, blaue und gelbe Fallschirme. Es sieht sehr schön aus. Martin, der Führer der Mannschaft, schaut auch nach oben. Die Fallschirmspringer fliegen nach unten und einige landen bereits.

„Okay, gute Arbeit, Jungs", sagt Martin und geht in ein Café in der Nähe, um Kaffee zu trinken.

Die Flugschau geht weiter.

„Für den Rettungstrick bereit machen!", ruft der Pilot.

David und Paul bringen die Puppe zur Tür.

„Zehn, neun, acht, sieben, sechs, fünf, vier, drei, zwei, eins! Los!", ruft der Pilot.

Paul und David stoßen die Puppe aus der Tür. Sie fällt heraus, bleibt dann aber hängen. Ihre Gummihand ist an einem Metallteil des Flugzeugs hängen geblieben.

„Los, auf, Jungs!", ruft der Pilot.

Die Jungs ziehen mit aller Kraft an der Puppe, aber sie bekommen sie nicht los.

Das Publikum unten auf dem Boden sieht einen Mann in Rot gekleidet in der Flugzeugtür. Zwei andere Männer versuchen, ihn herauszustoßen. Die Leute

believe their eyes. It goes on about a minute. Then the parachutist in red falls down. Another parachutist jumps out of the airplane and tries to catch it. But he cannot do it. The parachutist in red falls down. It falls through the roof inside of the café. The audience looks silently. Then the people see a man dressed in red run outside of the café. This man in red is Martin, the head of the parachutist team. But the audience thinks that he is that falling parachutist. He looks up and cries angrily, "If you cannot catch a man then do not try it!"

The audience is silent.

"Daddy, this man is very strong," a little girl says to her dad.

"He is well trained," the dad answers.

After the airshow Paul and David go to Robert.

"How is our work?" David asks.

"Ah... Oh, it is very good. Thank you," Robert answers.

"If you need some help just say," Paul says.

trauen ihren Augen nicht. Es dauert etwa eine Minute. Dann fällt der Fallschirmspringer in Rot nach unten. Ein anderer Fallschirmspringer springt aus dem Flugzeug und versucht, ihn zu fangen. Aber er schafft es nicht. Der Fallschirmspringer in Rot fällt weiter. Er fällt durch das Dach in das Café. Das Publikum sieht schweigend zu. Dann sehen die Leute einen in rot gekleideten Mann aus dem Café rennen. Der Mann in Rot ist Martin, der Führer der Fallschirmspingermannschaft. Aber das Publikum denkt, dass er der abgestürzte Fallschirmspringer ist. Er schaut nach oben und ruft wütend: „Wenn ihr einen Mann nicht fangen könnt, dann versucht es nicht!"

Das Publikum ist still.

„Papa, dieser Mann ist sehr stark", sagt ein kleines Mädchen zu ihrem Vater.

„Er ist gut trainiert", antwortet der Vater.

Nach der Flugschau gehen David und Paul zu Robert.

„Wie war unsere Arbeit?", fragt David.

„Ähm...Oh, sehr gut. Danke", antwortet Robert.

„Wenn du Hilfe brauchst, sag es einfach", sagt Paul.

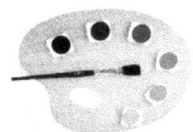

17

Turn the gas off!

Mach das Gas aus!

A

Words

1. careful ['keəf(ə)l] - sorgfältig
2. eleven [ɪ'lev(ə)n] - elf
3. everything ['evrɪθɪŋ] - alles
4. feeling ['fi:lɪŋ] - das Gefühl
5. fill up [fɪl ʌp] - füllen
6. fire ['faɪə] - das Feuer
7. forget ['fəget] - vergessen
8. forty-four ['fɔ:ti fɔ:] - vierundvierzig
9. freeze [fri:z] - erstarren
10. gas [gæs] - das Gas
11. immediately [ɪ'mi:dɪətlɪ] - sofort
12. kettle ['ketl] - der Kessel
13. kilometer [kɪ'lɔmɪtə] - der Kilometer
14. kindergarten ['kɪndəˌga:t(ə)n] - der Kindergarten
15. living ['lɪvɪŋ] - wohnhaft
16. meanwhile [ˌmi:n'waɪl] - in der Zwischenzeit
17. moment ['məumənt] - der Moment
18. order ['ɔ:də] - befehlen
19. pale [peɪl] - blass

20. phone handset ['hændset] - der Telefonhörer
21. pussycat ['pʊsɪkæt] - die Miezekatze
22. quick [kwɪk], quickly ['kwɪklɪ] - schnell
23. railway ['reɪlweɪ] station - der Bahnhof
24. ring [rɪŋ] - das Klingeln; to ring - klingeln
25. secretary ['sekrət(ə)rɪ] - die Sekretärin
26. sly [slaɪ], slyly ['slaɪlɪ] - schlau
27. so [səʊ] - deswegen
28. spread [spred] - übergreifen
29. strange [streɪndʒ] - fremd
30. suddenly ['sʌd(ə)nlɪ] - plötzlich
31. tap [tæp] - der Wasserhahn
32. tell [tel], say ['seɪ] - sagen
33. ticket ['tɪkɪt] - die Fahrkarte
34. train [treɪn] - der Zug
35. turn [tə:n] - drehen
36. turn on - anmachen
37. turn off - ausmachen
38. twenty ['twentɪ] - zwanzig
39. voice [vɔɪs] - die Stimme
40. warm [wɔ:m] - warm
41. warm up [wɔ:m ʌp] - aufwärmen
42. who [hu:] - wer
43. will [wɪl] - werden

B

Turn the gas off!

It is seven o'clock in the morning. David and Nancy are sleeping. Their mother is in the kitchen. The mother's name is Linda. Linda is forty-four years old. She is a careful woman. Linda cleans the kitchen before she goes to work. She is a secretary. She works twenty kilometers away from San Francisco. Linda usually goes to work by train.

She goes outside. The railway station is nearby, so Linda goes there on foot. She buys a ticket and gets on a train. It takes about twenty minutes to go to work. Linda sits in the train and looks out of the window.

Suddenly she freezes. The kettle! It is standing on the cooker and she forgot to turn the gas off! David and Nancy are sleeping. The fire can spread on the furniture and then... Linda turns pale. But she is a smart woman and in a minute she knows what to do. She asks a woman and a man, who sit nearby, to telephone her home and tell David about the kettle.

Mach das Gas aus!

Es ist sieben Uhr morgens. David und Nancy schlafen. Ihre Mutter ist in der Küche. Die Mutter heißt Linda. Linda ist vierundvierzig. Sie ist eine sorgfältige Frau. Linda putzt die Küche, bevor sie zur Arbeit geht. Sie ist Sekretärin. Sie arbeitet zwanzig Kilometer außerhalb von San Francisco. Linda fährt normalerweise mit dem Zug zur Arbeit.

Sie geht nach draußen. Der Bahnhof ist in der Nähe, deswegen geht Linda zu Fuß dorthin. Sie kauft eine Fahrkarte und steigt ein. Es dauert etwa zwanzig Minuten bis zu ihrer Arbeit. Linda sitzt im Zug und schaut aus dem Fenster.

Plötzlich erstarrt sie. Der Kessel! Er steht auf dem Herd und sie hat vergessen, das Gas auszumachen. David und Nancy schlafen. Das Feuer kann auf die Möbel übergreifen und dann... Linda wird blass. Aber sie ist eine intelligente Frau und kurz darauf weiß sie, was zu tun ist. Sie bittet eine Frau und einen Mann, die neben ihr sitzen, bei ihr zu Hause anzurufen und David über den Kessel zu informieren.

Meanwhile David gets up, washes and goes to the kitchen. He takes the kettle off the table, fills it up with water and puts it on the cooker. Then he takes bread and butter and makes sandwiches. Nancy comes into the kitchen.

"Where is my little pussycat?" she asks.

"I do not know," David answers, "Go to the bathroom and wash your face. We will drink some tea and eat some sandwiches now. Then I will take you to the kindergarten."

Nancy does not want to wash. "I cannot turn on the water tap," she says slyly.

"I will help you," her brother says. At this moment the telephone rings. Nancy runs quickly to the telephone and takes the handset.

"Hello, this is the zoo. And who are you?" she says. David takes the handset from her and says, "Hello. This is David."

"Are you David Tweeter living at eleven Queen street?" the voice of a strange woman asks.

"Yes," David answers.

"Go to the kitchen immediately and turn the gas off!" the woman's voice cries.

"Who are you? Why must I turn the gas off?" David says in surprise.

"Do it now!" the voice orders.

David turns the gas off. Nancy and David look at the kettle in surprise.

"I do not understand," David says, "How can this woman know that we will drink tea?"

"I am hungry," his sister says, "When will we eat?"

"I am hungry too," David says and turns the gas on again. At this minute the telephone rings again.

"Hello," David says.

"Are you David Tweeter who lives at eleven Queen street?" the voice of a strange man asks.

"Yes," David answers.

"Turn off the cooker gas immediately! Be

In der Zwischenzeit steht David auf, wäscht sich und geht in die Küche. Er nimmt den Kessel vom Tisch, füllt ihn mit Wasser und stellt ihn auf den Herd. Dann nimmt er Brot und Butter und macht Butterbrote. Nancy kommt in die Küche.

„Wo ist meine kleine Miezekatze?", fragt sie.

„Ich weiß es nicht", antworte David. „Geh ins Bad und wasch dein Gesicht. Wir trinken jetzt Tee und essen Brote. Dann bring ich dich in den Kindergarten."

Nancy will sich nicht waschen. „Ich kann den Wasserhahn nicht anmachen", *sagt sie schlau.*

„Ich helfe dir", *sagt ihr Bruder. In diesem Moment klingelt das Telefon. Nancy rennt schnell zum Telefon und nimmt den Hörer ab.*

„Hallo, hier ist der Zoo. Und wer ist da?", *sagt sie. David nimmt ihr den Hörer weg und sagt:* „Hallo, David hier."

„Bist du David Tweeter, wohnhaft in der Queen Straße elf?", *fragt die Stimme einer fremden Frau.*

„Ja", *antwortet David.*

„Geh sofort in die Küche und mach das Gas aus", *ruft die Stimme der Frau.*

„Wer sind Sie? Warum soll ich das Gas ausmachen?", *fragt David überrascht.*

„Mach es jetzt!", *befielt die Stimme.*

David macht das Gas aus. Nancy und David sehen verwundert auf den Kessel.

„Ich verstehe das nicht", *sagt David.* „Woher weiß diese Frau, dass wir Tee trinken wollten?"

„Ich habe Hunger", *sagt seine Schwester.* „Wann essen wir?"

„Ich habe auch Hunger", *sagt David und macht das Gas wieder an. In diesem Moment klingelt das Telefon wieder.*

„Hallo", *sagt David.*

„Bist du David Tweeter, wohnhaft in der Queen Straße elf?", *fragt die Stimme eines fremden Mannes.*

„Ja", *antwortet David.*

„Mach sofort das Gas aus! Sei vorsichtig!", *befiehlt die Stimme.*

careful!" the voice orders.

"Okay," David says and turns the gas off again.

"Let's go to the kindergarten," David says to Nancy feeling that they will not drink tea today.

"No. I want some tea and bread with butter," Nancy says angrily.

"Well, let's try to warm up the kettle again," her brother says and turns the gas on.

The telephone rings and this time their mother orders to turn the gas off. Then she explains everything. At last Nancy and David drink tea and go to the kindergarten.

„Okay", sagt David und macht das Gas wieder aus.

„Lass uns in den Kindergarten gehen", sagt David zu Nancy in dem Gefühl, dass sie heute keinen Tee trinken werden.

„Nein. Ich will Tee und Brot mit Butter", sagt Nancy wütend.

„Gut, lass uns versuchen, den Kessel wieder zu wärmen", sagt ihr Bruder und stellt das Gas an.

Das Telefon klingelt und dieses Mal befiehlt ihre Mutter, das Gas abzustellen. Dann erklärt sie alles. Endlich trinken Nancy und David Tee und gehen in den Kindergarten.

18

A job agency
Eine Arbeitsvermittlung

A

Words

1. agree [əˈgriː] - einverstanden sein
2. all-round [ˌɔːlˈraʊnd] - vielseitig, alles könnend
3. also [ˈɔːlsəʊ] - auch
4. arm [aːm] - der Arm
5. as [æz] - da, wie
6. cable [ˈkeɪbl] - das Kabel
7. carefully [ˈkeəf(ə)lɪ] - vorsichtig
8. listen carefully - genau zuhören
9. confused [kənˈfjuːzd] - verwirrt
10. consult [kənˈsʌlt] - beraten
11. consultant [kənˈsʌlt(ə)nt] - der Berater
12. current [ˈkʌr(ə)nt] - der Strom
13. deadly [ˈdedlɪ] - tödlich
14. electric [ɪˈlektrɪk] - elektrisch
15. experience [ɪkˈspɪərɪəns] - die Erfahrung
16. fifteen [ˌfɪfˈtiːn] - fünfzehn
17. floor [flɔː] - der Boden
18. grey-headed [greɪ ˈhedɪd] - grauhaarig

19. half [ha:f] - halb
20. helper ['helpə] - der Helfer
21. individually [ˌɪndɪ'vɪdʒʊəlɪ] - einzeln
22. know each other [nəʊ 'iːtʃʌðə] - sich kennen
23. let [let] - lassen
24. manual work ['mænjʊəl 'wɜːk] - die Handarbeit
25. mattress ['mætrəs] - die Matratze
26. mental ['ment(ə)l] work - die Kopfarbeit
27. number ['nʌmbə] - die Nummer
28. per hour [pɜː 'aʊə] - pro Stunde
29. position [pə'zɪʃən] - die Position
30. publishing ['pʌblɪʃɪŋ] - der Verlag
31. recommend [ˌrekə'mend] - empfehlen
32. running ['rʌnɪŋ] - führen
33. seriously ['sɪərɪəslɪ] - ernst
34. shake [ʃeɪk] - zittern
35. sixty ['sɪkstɪ] - sechzig
36. story ['stɔːrɪ] - die Geschichte
37. strong [strɔŋ], strongly ['strɔŋlɪ] - stark
38. sure [ʃɔː | ʃʊə] - klar, sicher
39. the same [seɪm] - der/die/das Gleiche
40. at the same time - gleichzeitig
41. town [taʊn] - die Stadt
42. was [wɔz] - war
43. worry ['wʌrɪ] - sich Sorgen machen
44. Do not worry! - Mach dir keinen Kopf!

 B

A job agency

One day Paul goes to Robert's room and sees that his friend is lying on the bed shaking. Paul sees some electrical cables running from Robert to the electric kettle. Paul believes that Robert is under a deadly electric current. He quickly goes to the bed, takes the mattress and pulls it strongly. Robert falls to the floor. Then he stands up and looks at Paul in surprise.

"What was it?" Robert asks.

"You were on electrical current," Paul says.

"No, I was listening to the music," Robert says and shows his CD player.

"Oh, I am sorry," Paul says. He is confused.

"It's okay. Do not worry," Robert answers quietly cleaning his trousers.

"David and I go to a job agency. Do you want to go with us?" Paul asks.

Eine Arbeitsvermittlung

Eines Tages kommt Paul in Roberts Zimmer und sieht seinen Freund zitternd auf dem Bett liegen. Paul sieht einige Stromkabel, die von Robert zum Wasserkocher führen. Paul glaubt, dass Robert einen tödlichen Stromschlag abbekommen hat. Er geht schnell zum Bett, nimmt die Matratze und zieht stark daran. Robert fällt auf den Boden. Dann steht er auf und sieht Paul verwundert an.

„Was war das denn?", fragt Robert.

„Du standest unter Strom", sagt Paul.

„Nein, ich habe Musik gehört", sagt Robert und zeigt auf seinen CD-Spieler.

„Oh, Entschuldigung", sagt Paul. Er ist verwirrt.

„Schon gut, mach dir keinen Kopf", sagt Robert ruhig und macht seine Hose sauber.

„David und ich gehen zu einer Arbeitsvermittlung. Willst du mitkommen?", fragt Paul.

"Sure. Let's go together," Robert says.

They go outside and take the bus number seven. It takes them about fifteen minutes to go to the job agency. David is already there. They come into the building. There is a long queue to the office of the job agency. They stand in the queue. In half an hour they come into the office. There is a table and some bookcases in the room. A gray-headed man is sitting at the table. He is about sixty years old.

"Come in guys!" he says friendly, "Take seats, please."

David, Robert and Paul sit down.

"My name is George Estimator. I am a job consultant. Usually I speak with visitors individually. But as you are all students and know each other I can consult you all together. Do you agree?"

"Yes, sir," David says, "We have three or four hours of free time every day. We need to find jobs for that time, sir."

"Well. I have some jobs for students. And you take off your player," Mr. Estimator says to Robert.

"I can listen to you and to music at the same time," Robert says.

"If you seriously want to get a job take the player off and listen carefully to what I say;" Mr. Estimator says, "Now guys say what kind of job do you need? Do you need mental or manual work?"

"I can do any work," Paul says, "I am strong. Want to arm?" he says and puts his arm on Mr. Estimator's table.

"It is not a sport club here but if you want..." Mr. Estimator says. He puts his arm on the table and quickly pushes down Paul's arm, "As you see son, you must be not only strong but also smart."

"I can work mentally too, sir," Paul says again. He wants to get a job very much. "I can write stories. I have some stories about my native town."

„Klar, lass uns zusammen gehen", sagt Robert.

Sie gehen nach draußen und nehmen den Bus Nummer 7. Sie brauchen etwa fünfzehn Minuten bis zur Arbeitsvermittlung. David ist schon dort. Sie betreten das Gebäude. Vor dem Büro der Arbeitsvermittlung ist eine lange Schlange. Sie stellen sich an. Nach einer halben Stunde betreten sie das Büro. Im Zimmer sind ein Stuhl und ein paar Bücherregale. Am Tisch sitzt ein grauhaariger Mann. Er ist etwa sechzig.

„Kommt rein, Jungs", sagt er freundlich. „Setzt euch, bitte".

David, Robert und Paul setzen sich.

„Ich bin Georg Estimator. Ich bin Arbeitsberater. Normalerweise spreche ich einzeln mit Besuchern. Aber da ihr alle Studenten seid und euch kennt, kann ich euch zusammen beraten. Seid ihr einverstanden?"

„Ja", sagt David. „Wir haben drei, vier Stunden frei pro Tag. Wir brauchen für diese Zeit einen Job."

„Gut, ich habe ein paar Jobs für Studenten. Und du, mach deinen CD-Spieler aus", sagt Herr Estimator zu Robert.

„Ich kann gleichzeitig Ihnen zuhören und Musik hören", sagt Robert.

„Wenn du ernsthaft einen Job willst, mach die Musik aus und hör mir genau zu", sagt Herr Estimator. „Also, was für einen Job wollt ihr denn. Wollt ihr Hand- oder Kopfarbeit?

„Ich kann jede Arbeit machen", sagt Paul. „Ich bin stark. Wollen Sie es testen?", fragt er und stützt seinen Arm auf Herrn Estimators Tisch auf.

„Das hier ist kein Sportverein, aber wenn du willst...", sagt Herr Estimator. Er stützt seinen Arm auf den Tisch auf und drückt Pauls Arm schnell nach unten. „Wie du siehst, musst du nicht nur stark, sondern auch schlau sein."

„Ich kann auch Denkarbeit machen", sagt Paul. Er will unbedingt einen Job. „Ich kann Geschichten schreiben. Ich habe ein paar Geschichten über meine Heimatstadt."

"This is very interesting," Mr. Estimator says. He takes a sheet of paper, "The publishing house "All-round" needs a young helper for a writing position. They pay nine dollar per hour."

"Cool!" Paul says, "Can I try?"

"Sure. Here are their telephone number and their address," Mr. Estimator says and gives a sheet of paper to Paul.

"And you guys can choose a job on a farm, in a computer firm, on a newspaper or in a supermarket. As you do not have any experience I recommend you to begin to work in a farm. They need two workers," Mr. Estimator says to David and Robert.

"How much do they pay?" David asks.

"Let me see…" Mr. Estimator looks into the computer, "They need workers for three or four hours a day and they pay seven dollars per hour. Saturdays and Sundays are days off. Do you agree?" he asks.

"I agree," David says.

"I agree too," Robert says.

"Well. Take the telephone number and the address of the farm," Mr. Estimator says and gives a sheet of paper to them.

"Thank you, sir," the boys say and go outside.

„Das ist sehr interessant", sagt Herr Estimator. Er greift nach einem Blatt Papier. „Der Verlag „All-Round" braucht einen jungen Helfer als Schreiber. Sie zahlen neun Dollar pro Stunde."

„Super", sagt Paul. „Kann ich das versuchen?"

„Natürlich. Hier sind Telefonnummer und Adresse", sagt Herr Estimator und gibt Paul ein Blatt Papier.

„Und ihr Jungs könnt zwischen einem Job auf einem Bauernhof, in einer Computerfirma, bei einer Zeitung oder im Supermarkt wählen. Da ihr keine Erfahrung habt, empfehle ich euch, mit der Arbeit auf dem Bauernhof anzufangen. Sie brauchen zwei Arbeiter", sagt Herr Estimator zu David und Robert.

„Wie viel zahlen sie?", fragt David.

„Mal sehen…" Herr Estimator schaut auf den Computer. „Sie brauchen Arbeiter für drei oder vier Stunden am Tag und zahlen sieben Dollar pro Stunde. Samstag und Sonntag sind frei. Seid ihr einverstanden?", fragt er.

„Ja, bin ich", sagt David.

„Ich auch", sagt Robert.

„Gut, nehmt die Telefonnummer und die Adresse des Bauernhofs", sagt Herr Estimator und gibt ihnen eine Blatt Papier.

„Dankeschön, Herr Estimator", sagen die Jungs und gehen nach draußen.

19

David and Robert wash the truck (part 1)
David und Robert waschen den Laster (Teil 1)

A

Words

1. along [əˈlɔŋ] - entlang
2. arrive [əˈraɪv] - ankommen
3. at first [ət ˈfɜːst] - erst
4. bigger [ˈbɪgə] - größer
5. box [bɔks] - die Kiste
6. brake [breɪk] - die Bremse
7. to brake - bremsen
8. check [tʃek] - kontrollieren
9. clean [kliːn] - sauber machen, putzen
10. close [kləʊz] - nahe
11. closer [ˈkləʊsə] - näher
12. driving license [ˈdraɪvɪŋ ˈlaɪsns] - der Führerschein
13. eighth [eɪtθ] - achter

14. employer [ɪmˈplɔɪə] - der Arbeitgeber
15. engine [ˈendʒɪn] - der Motor
16. far [fɑː] - weit
17. field [fiːld] - das Feld
18. fifth [fɪfθ] - fünfter
19. float [fləʊt] - treiben
20. fourth [fɔːθ] - vierter
21. front [frʌnt] - vorn
22. front wheels [frʌnt ˈwiːlz] - die Vorderräder
23. further [ˈfəːðə] - weiter
24. load [ləʊd] - laden
25. lot [lɔt] - viel
26. machine [məˈʃiːn] - die Maschine
27. meter [ˈmiːtə] - der Meter
28. ninth [naɪnθ] - neunter
29. owner [ˈəʊnə] - der Besitzer
30. pitch [ˈpɪtʃ] - schaukeln
31. quite [kwaɪt] - ziemlich
32. road [rəʊd] - die Straße
33. sea [siː] - das Meer
34. seashore [ˈsiːʃɔː] - die Küste
35. second [ˈsek(ə)nd] - zweiter
36. seed [siːd] - das Saatgut
37. seventh [ˈsev(ə)nθ] - siebter
38. ship [ʃɪp] - das Schiff
39. sixth [sɪksθ] - sechster
40. slowly [ˈsləʊlɪ] - langsam
41. start [stɑːt] - anfangen
42. step [ˈstep] - treten
43. strength [strenθ] - die Stärke
44. suitable [ˈsjuːtəbl] - passend
45. tenth [tenθ] - zehnter
46. third [θəːd] - dritter
47. unload [ʌnˈləʊd] - abladen
48. use [juːz] - benutzen
49. wait [weɪt] - warten
50. wash [ˈwɔʃ]- waschen, putzen
51. wave [weɪv] - die Welle
52. wheel [(h)wiːl] - das Rad
53. yard [jɑːd] - der Hof

B

David and Robert wash the truck (part 1)

David and Robert are working on a farm now. They work three or four hours every day. The work is quite hard. They must do a lot of work every day. They clean the farm yard every second day. They wash the farm machines every third day. Every fourth day they work in the farm fields.

Their employer's name is Daniel Tough. Mr. Tough is the owner of the farm and he does most of the work. Mr. Tough works very hard.

David und Robert waschen den Laster (Teil 1)

David und Robert arbeiten jetzt auf einem Bauernhof. Sie arbeiten drei, vier Stunden am Tag. Die Arbeit ist ziemlich schwer. Sie müssen jeden Tag viel arbeiten. Sie machen den Hof jeden zweiten Tag sauber. Sie putzen die Maschinen jeden dritten Tag. Jeden vierten Tag arbeiten sie auf den Feldern.

Ihr Arbeitgeber heißt Daniel Tough. Herr Tough ist der Besitzer des Bauernhofs und macht die meiste Arbeit. Herr Tough arbeitet sehr hart. Er gibt David und Robert auch viel Arbeit.

He also gives a lot of work to David and Robert.

"Hey boys, finish cleaning the machines, take the truck and go to the transport firm Rapid," Mr. Tough says, "They have a load for me. Load boxes with the seed in the truck, bring them to the farm, and unload in the farm yard. Do it quickly because I need to use the seed today. And do not forget to wash the truck".

"Okay," David says. They finish cleaning and get into the truck. David has a driving license so he drives the truck. He starts the engine and drives at first slowly through the farm yard, then quickly along the road. The transport firm Rapid is not far from the farm. They arrive there in fifteen minutes. They look for the loading door number ten there.

David drives the truck carefully through the loading yard. They go past the first loading door, past the second loading door, past the third, past the fourth, past the fifth, past the sixth, past the seventh, past the eighth, then past the ninth loading door. David drives to the tenth loading door and stops.

"We must check the loading list first," Robert says who already has some experience with loading lists at this transport firm. He goes to the loader who works at the door and gives him the loading list. The loader loads quickly five boxes into their truck. Robert checks the boxes carefully. All numbers on the boxes have numbers from the loading list.

"Numbers are correct. We can go now," Robert says.

"Okay," David says and starts the engine, "I think we can wash the truck now. There is a suitable place not far from here".

In five minutes they arrive to the seashore.

"Do you want to wash the truck here?" Robert asks in surprise.

"Yeah! It is a nice place, isn't it?" David says.

"And where will we take a pail?" Robert asks.

"We do not need any pail. I will drive very close to the sea. We will take the water from the sea," David says and drives very close to the water.

„Hey Jungs, macht die Maschinen fertig sauber und fahrt dann mit dem Laster zur Transportfirma Rapid", sagt Herr Tough. „Sie haben eine Ladung für mich. Ladet die Kisten mit dem Saatgut auf den Laster, bringt sie zum Bauernhof und ladet sie auf dem Hof ab. Beeilt euch, denn ich brauche das Saatgut heute. Und vergesst nicht, den Laster zu waschen."

„Okay", sagt David. Sie machen die Maschine fertig sauber und steigen in den Laster. David hat einen Führerschein, deswegen fährt er. Er macht den Motor an, fährt erst langsam durch den Hof und dann schnell die Straße entlang. Die Transportfirma Rapid ist nicht weit vom Bauernhof. Sie kommen dort nach fünfzehn Minuten an. Dort suchen sie die Verladetür Nummer zehn.

David fährt den Laster vorsichtig über den Hof. Sie fahren an der ersten Verladetür vorbei, an der zweiten, an der dritten, an der vierten, an der fünften, an der sechsten, an der siebten, an der achten und dann an der neunten. David fährt zur zehnten Verladetür und hält an.

„Wir müssen erst die Ladeliste kontrollieren", sagt Robert, der schon Erfahrung mit den Ladelisten in dieser Firma hat. Er geht zum Verlader, der an der Tür arbeitet, und gibt ihm die Ladeliste. Der Verlader lädt schnell fünf Kisten in ihren Laster. Robert kontrolliert die Kisten sorgfältig. Alle Kisten haben Nummern von der Ladeliste.

„Die Nummern stimmen. Wir können jetzt gehen", sagt Robert.

„Okay", sagt David und macht den Motor an. „Ich denke, wir können jetzt den Laster waschen. Nicht weit von hier ist ein passender Ort".

Nach fünf Minuten kommen sie an die Küste.

„Willst du den Laster hier waschen?", fragt Robert überrascht.

„Ja! Schöner Platz, nicht?", sagt David.

„Und woher bekommen wir einen Eimer?", fragt Robert.

„Wir brauchen keinen Eimer. Ich fahre ganz nah ans Meer. Wir nehmen das Wasser aus dem Meer", sagt David und fährt ganz nah ans Wasser. Die

The front wheels go in the water and the waves run over them.

"Let's get out and begin washing," Robert says.

"Wait a minute. I will drive a bit closer," David says and drives one or two meters further, "It is better now."

Then a bigger wave comes and the water lifts the truck a little and carries it slowly further into the sea.

"Stop! David, stop the truck!" Robert cries, "We are in the water already! Please, stop!"

"It will not stop!!" David cries stepping on the brake with all his strength, "I cannot stop it!!"

The truck is slowly floating further in the sea pitching on the waves like a little ship.

(to be continued)

Vorderräder stehen im Wasser und die Wellen umspülen sie.

„*Lass uns aussteigen und anfangen, zu waschen*", *sagt Robert.*

„*Warte kurz, ich fahre noch etwas näher ran*", *sagt David und fährt ein, zwei Meter weiter.* „*So ist es besser*".

Da kommt eine größere Welle und das Wasser hebt den Laster ein bisschen nach oben und trägt ihn langsam weiter ins Meer.

„*Stopp! David, halte den Laster an!*", *ruft Robert.* „*Wir sind schon im Wasser! Bitte, halte an!*"

„*Er hält nicht an!*", *ruft David und tritt mit aller Kraft die Bremse.* „*Ich kann ihn nicht anhalten.*"

Der Laster treibt langsam weiter aufs Meer und schaukelt auf den Wellen wie ein kleines Schiff.

(Fortsetzung folgt)

20

David and Robert wash the truck (part2)
David und Robert waschen den Laster (Teil 2)

A

Words

1. accident [ˈæksɪd(ə)nt] - der Unfall
2. ago [əˈgəʊ] - vor
3. a year ago - vor einem Jahr
4. bird [bɜːd] - der Vogel
5. ceremony [ˈserɪmənɪ] - die Feier
6. cleaned [kliːnd] - gesäubert
7. constant [ˈkɒn(t)stənt] - beständig
8. control [kənˈtrəʊl] - die Kontrolle
9. dear [dɪə] - lieber, liebe
10. enjoy [ɪnˈdʒɔɪ] - Spaß haben, genießen
11. example [ɪgˈzɑːmpl] - das Beispiel
12. for example [fər ɪgˈzɑːmpl] - zum Beispiel
13. feed [fiːd] - füttern
14. fire [ˈfaɪə] - feuern
15. floating [ˈfləʊtɪŋ] - treiben
16. flow [fləʊ] - der Fluss
17. happen [ˈhæp(ə)n] - passieren

18. happened ['hæpənd] - passiert
19. inform [ɪn'fɔːm] - informieren, mitteilen
20. journalist ['dʒəːn(ə)lɪst] - der Journalist
21. killer ['kɪlə] - der Mörder
22. laugh [laːf] - lachen
23. left [left] - links
24. money ['mʌnɪ] - das Geld
25. never ['nevə] - nie
26. oil [ɔɪl] - das Öl
27. photograph ['fəʊtəgraːf] - fotografieren; photographer [fə'tɔgrəfə] - der Fotograf
28. rehabilitate [ˌriːhə'bɪlɪteɪt] - gesund pflegen
29. rehabilitation [ˌriːhə'bɪlɪteɪʃn] - die Genesung, Rehabilitation
30. rescue ['reskjuː] - retten
31. rescue service ['səːvɪs] - der Rettungsdienst
32. right [raɪt] - rechts
33. set free [set friː] - freisetzen
34. shore [ʃɔː] - die Küste
35. situation [ˌsɪtjʊ'eɪʃən] - die Situation
36. speech [spiːtʃ] - die Rede
37. steer [stɪə] - lenken
38. swallow ['swɔləʊ] - (hinunter)schlucken
39. swim [swɪm] - schwimmen
40. tanker ['tæŋkə] - der Tanker
41. tomorrow [tə'mɔrəʊ] - morgen
42. twenty-five ['twentɪ faɪv] - fünfundzwanzig
43. wanted ['wɔntɪd] - wollte
44. were [wə] - waren
45. whale [weɪl] - der Wal
46. killer whale ['kɪlə weɪl] - der Schwertwal
47. wind [wɪnd] - der Wind
48. wonderful ['wʌndəfəl] - wunderbar

B

David and Robert wash the truck (part 2)

The truck is floating slowly further in the sea pitching on the waves like a little ship. David is steering to the left and to the right stepping on the brake and gas. But he cannot control the truck. A strong wind is pushing it along the seashore. David and Robert do not know what to do. They are just sitting, looking out of the windows. The sea water begins to run inside.

"Let's go out and sit on the roof," Robert says.

They sit on the roof.

"What will Mr. Tough say, I wonder?" Robert says.

The truck is floating slowly about twenty

David und Robert waschen den Laster (Teil 2)

Der Laster treibt langsam weiter aufs Meer und schaukelt auf den Wellen wie ein kleines Schiff. David lenkt nach links und nach rechts, während er auf die Bremse und aufs Gas tritt. Aber er kann den Laster nicht kontrollieren. Ein starker Wind trägt ihn die Küste entlang. David und Robert wissen nicht, was sie tun sollen. Sie sitzen einfach da und schauen aus dem Fenster. Das Meerwasser beginnt, in den Laster zu laufen.

„Lass uns nach draußen gehen und uns aufs Dach setzen", sagt Robert. Sie setzen sich aufs Dach.

„Ich frage mich, was Herr Tough sagen wird", sagt Robert.

Der Laster treibt langsam etwa zwanzig Meter von der

meters away from the shore. Some people on the shore stop and look at it in surprise.

"Mr. Tough may fire us," David answers.

Meanwhile the head of the college Mr. Kite comes to his office. The secretary says to him that there will be a ceremony today. They will set free two sea birds after rehabilitation. Workers of the rehabilitation centre cleaned oil off them after the accident with the tanker Gran Pollución. The accident happened one month ago. Mr. Kite must make a speech there. The ceremony begins in twenty-five minutes.

Mr. Kite and his secretary take a taxi and in ten minutes arrive to the place of the ceremony. These two birds are already there. Now they are not so white as usually. But they can swim and fly again now. There are many people, journalists, photographers there now. In two minutes the ceremony begins. Mr. Kite begins his speech.

"Dear friends!" he says, "The accident with the tanker Gran Pollución happened at this place a month ago. We must rehabilitate many birds and animals now. It costs a lot of money. For example the rehabilitation of each of these birds costs 5,000 dollars! And I am glad to inform you now that after one month of rehabilitation these two wonderful birds will be set free."

Two men take a box with the birds, bring it to the water and open it. The birds go out of the box and then jump in the water and swim. The photographers take pictures. The journalists ask workers of the rehabilitation centre about the animals.

Suddenly a big killer whale comes up, quickly swallows those two birds and goes down again. All the people look at the place where the birds were before. The head of the college does not believe his eyes. The killer whale comes up again looking for more birds. As there are no other birds there, it goes down again. Mr. Kite must finish his speech now.

"Ah…," he chooses suitable words, "The wonderful constant flow of life never stops. Bigger animals eat smaller animals and so on…

Küste entfernt. Einige Leute an der Küste bleiben stehen und schauen verwundert.

„Herr Tough wird uns wohl feuern", antwortet David.

In der Zwischenzeit kommt der Direktor der Universität, Herr Kite, in sein Büro. Die Sekretärin sagt ihm, dass es heute eine Feier gibt. Sie werden zwei Vögel nach deren Genesung freisetzen. Arbeiter des Rehabilitationszentrums haben sie nach dem Unfall mit dem Tanker Gran Pollución von Öl gesäubert. Der Unfall passierte vor einem Monat. Herr Kite muss dort eine Rede halten. Die Feier beginnt in fünfundzwanzig Minuten.

Herr Kite und seine Sekretärin nehmen ein Taxi und kommen nach zehn Minuten am Ort der Feier an. Die zwei Vögel sind bereits da. Jetzt sind sie nicht so weiß wie normalerweise. Aber sie können wieder schwimmen und fliegen. Es sind viele Menschen, Journalisten und Fotografen da. Zwei Minuten später beginnt die Feier. Herr Kite beginnt seine Rede.

„Liebe Freunde", sagt er. „Vor einem Monat passierte an dieser Stelle der Unfall mit dem Tanker Gran Pollución. Wir müssen jetzt viele Vögel und Tiere gesund pflegen. Das kostet viel Geld. Die Rehabilitation dieser zwei Vögel zum Beispiel kostet fünftausend Dollar. Und es freut mich, Ihnen mitteilen zu können, dass diese zwei wunderbaren Vögel nach einem Monat Rehabilitation freigesetzt werden."

Zwei Männer nehmen die Kiste mit den Vögeln, bringen sie zum Wasser und öffnen sie. Die Vögel kommen aus der Kiste, springen ins Wasser und schwimmen. Die Fotografen machen Fotos. Die Journalisten befragen Arbeiter des Rehabilitationszentrums über die Tiere.

Plötzlich taucht ein großer Schwertwal auf, schluckt schnell die zwei Vögel hinunter und verschwindet wieder. Alle Leute sehen auf die Stelle, an der die Vögel zuvor gewesen waren. Der Direktor der Universität traut seinen Augen nicht. Der Schwertwal taucht wieder auf und sucht nach mehr Vögeln. Da es keine Vögel mehr gibt, verschwindet er wieder. Herr Kite muss seine Rede beenden.

„Ähm…" Er sucht nach passenden Worten. „Der wundervolle, beständige Fluss des Lebens hört nie auf. Größere Tiere essen kleinere Tiere und so weiter…

ah... what is that?" he says looking at the water. All the people look there and see a big truck floating along the shore pitching on the waves like a ship. Two guys sit on it looking at the place of the ceremony.

"Hello Mr. Kite," Robert says, "Why are you feeding killer whales with birds?"

"Hello Robert," Mr. Kite answers, "What are you doing there boys?"

"We wanted to wash the truck," David answers.

"I see," Mr. Kite says. Some of the people begin to enjoy this situation. They begin to laugh.

"Well, I will call the rescue service now. They will get you out of the water. And I want to see you in my office tomorrow," the head of the college says and calls the rescue service.

Ähm... Was ist das?", fragt er aufs Wasser schauend. Alle schauen aufs Wasser und sehen einen großen Laster, der die Küste entlang treibt und auf den Wellen schaukelt wie ein Schiff. Zwei Jungen sitzen auf ihm und schauen zum Platz der Feier.

„Hallo Herr Kite", sagt Robert. „Warum füttern Sie Schwertwale mit Vögeln?"

„Hallo Robert", antwortet Herr Kite. „Was macht ihr da, Jungs?"

„Wir wollten den Laster waschen", sagt David.

„Alles klar", sagt Herr Kite. Einige Leute beginnen, an der Situation ihren Spaß zu haben. Sie fangen an, zu lachen.

„Gut, ich rufe jetzt den Rettungsdienst. Der wird euch aus dem Wasser holen. Und ich möchte euch morgen in meinem Büro sehen", sagt der Direktor der Universität und ruft den Rettungsdienst.

21

A lesson
Eine Unterrichtsstunde

A

Words

1. always [ˈɔːlweɪz] - immer
2. attention [əˈtenʃən] - die Aufmerksamkeit
3. pay attention to - achten auf
4. between [bɪˈtwiːn] - zwischen
5. boyfriend [ˈbɔɪfrend] - der Freund
6. care [keə] - sich kümmern um
7. children [ˈtʃɪldrən] - die Kinder
8. class [klaːs] - die Klasse
9. else [els] - anders, sonst
10. empty [ˈemptɪ] - leer
11. girlfriend [ˈgəːlfrend] - die Freundin
12. happiness [ˈhæpɪnəs] - das Glück
13. health [helθ] - die Gesundheit
14. important [ɪmˈpɔːt(ə)nt] - wichtig
15. instead [ɪnˈsted] - stattdessen
16. jar [dʒaː] - der Krug
17. less [les] - weniger

18. loose [luːs] - verlieren
19. medical ['medɪk(ə)l] - medizinisch
20. parent ['peər(ə)nt] - die Eltern
21. pour [pɔː] - schütten, gießen
22. really ['rɪəlɪ] - wirklich
23. remain [rɪ'meɪn] - bleiben
24. sand [sænd] - der Sand
25. slightly ['slaɪtlɪ] - leicht
26. small [smɔːl] - klein
27. spend [spend] - ausgeben, verwenden
28. still [stɪl] - noch, weiterhin
29. stone [stəʊn] - der Stein
30. television ['telɪvɪʒ(ə)n] - der Fernseher
31. thing [θɪŋ] - das Ding, die Sache
32. this stuff [stʌf] - diese Dinge
33. which [wɪtʃ] - der, die, das *(konj.)*
34. without [wɪ'ðaʊt] - ohne
35. without a word [wɪð'aʊt ə 'wɜːd] - wortlos

B

A lesson

The head of the college is standing before the class. There are some boxes and other things on the table before him. When the lesson begins he takes a big empty jar and without a word fills it up with big stones.

"Do you think the jar is already full?" Mr. Kite asks students.

"Yes, it is," agree students.

Then he takes a box with very small stones and pours them into the jar. He shakes the jar slightly. The little stones, of course, fill up the room between the big stones.

"What do you think now? The jar is already full, isn't it?" Mr. Kite asks them again.

"Yes, it is. It is full now," the students agree again. They begin to enjoy this lesson. They begin to laugh.

Then Mr. Kite takes a box of sand and pours it into the jar. Of course, the sand fills up all the other room.

"Now I want that you to think about this jar like a man's life. The big stones are important things - your family, your girlfriend and boyfriend, your health, your children, your parents - things

Eine Unterrichtsstunde

Der Direktor der Universität steht vor der Klasse. Auf dem Tisch vor ihm liegen Kisten und andere Dinge. Als der Unterricht beginnt, nimmt er einen großen, leeren Krug und füllt ihn wortlos mit großen Steinen.

„Meint ihr, dass der Krug schon voll ist?", fragt Herr Kite die Studenten.

„Ja, das ist er", stimmen die Studenten zu.

Da nimmt er eine Kiste mit sehr kleinen Steinen und schüttet sie in den Krug. Er schüttelt den Krug leicht. Die kleinen Steine füllen natürlich den Platz zwischen den großen Steinen.

„Was meint ihr jetzt? Der Krug ist voll, oder nicht?", fragt Herr Kite wieder.

„Ja, das ist er. Er ist jetzt voll", stimmen die Studenten wieder zu. Der Unterricht beginnt, ihnen Spaß zu machen. Sie lachen.

Da nimmt Herr Kite eine Kiste mit Sand und schüttet ihn in den Krug. Der Sand füllt natürlich den restlichen Platz.

„Jetzt möchte ich, dass ihr in diesem Krug das Leben seht. Die großen Steine sind wichtige Dinge - eure Familie, eure Freundin oder euer Freund, Gesundheit, Kinder, Eltern - Dinge, die euer Leben, wenn ihr alles

that if you loose everything and only they remain, your life still will be full. Little stones are other things which are less important. They are things like your house, your job, your car. Sand is everything else - small stuff. If you put sand in the jar at first, there will be no room for little or big stones. The same goes for life. If you spend all of your time and energy on the small stuff, you will never have room for things that are important to you. Pay attention to things that are most important to your happiness. Play with your children or parents. Take time to get medical tests. Take your girlfriend or boyfriend to a café. There will be always time to go to work, clean the house and watch television," Mr. Kite says, "Take care of the big stones first - things that are really important. Everything else is just sand," he looks at the students, "Now Robert and David, what is more important to you - washing a truck or your lives? You float on a truck in the sea like on a ship just because you wanted to wash the truck. Do you think there is no other way to wash it?"

"No, we do not think so," David says.

"You can wash a truck in a washing station instead, can't you?" says Mr. Kite.

"Yes, we can," say the students.

"You must always think before you do something. You must always take care of the big stones, right?"

"Yes, we must," answer the students.

verliert und nur sie bleiben, weiterhin füllen. Kleine Steine sind andere Dinge, die weniger wichtig sind. Dinge wie euer Haus, Job, Auto. Der Sand ist alles andere - die kleinen Dinge. Wenn ihr zuerst Sand in den Krug füllt, bleibt kein Platz für kleine oder große Steine. Das Gleiche gilt fürs Leben. Wenn ihr eure ganze Zeit und Energie für die kleinen Dinge verwendet, werdet ihr nie Platz für die Dinge haben, die euch wichtig sind. Achtet auf Dinge, die für euer Glück am wichtigsten sind. Spielt mit euren Kindern oder Eltern. Nehmt euch die Zeit für medizinische Untersuchungen. Geht mit eurer Freundin oder eurem Freund ins Café. Es wird immer Zeit bleiben, um zu arbeiten, das Haus zu putzen oder fernzusehen", sagt Herr Kite. „Kümmert euch erst um die großen Steine - um die Dinge, die wirklich wichtig sind. Alles andere ist nur Sand." Er sieht die Studenten an. „Nun, Robert und David, was ist euch wichtiger - einen Laster zu waschen oder euer Leben? Ihr treibt auf einem Laster im Meer wie auf einem Schiff, nur weil ihr den Laster waschen wolltet. Glaubt ihr, dass es keine andere Möglichkeit gibt, ihn zu waschen?"

„Nein, das glauben wir nicht", sagt David.

„Man kann einen Laster stattdessen in einer Waschanlage waschen, nicht wahr?", sagt Herr Kite.

„Ja, das kann man", sagen die Studenten.

„Ihr müsst immer erst nachdenken, bevor ihr handelt. Ihr müsst euch immer um die großen Steine kümmern, okay?"

„Ja, das müssen wir", antworten die Studenten.

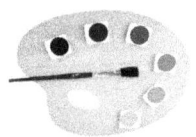

22

Paul works at a publishing house
Paul arbeitet in einem Verlag

A

Words

1. answering machine [ˈɑːnsərɪŋ məʃiːn] - der Anrufbeantworter
2. at least [ət liːst] - wenigstens
3. beep [biːp] - der Piepton
4. call [ˈkɔːl] - anrufen
5. cold [kəʊld] *(adj)* - kalt
6. coldness [ˈkəʊldnəs] - die Kälte
7. company [ˈkʌmpənɪ] - die Firma
8. compose [kəmˈpəʊz] - entwerfen, verfassen
9. composition [ˌkɔmpəˈzɪʃən] - der Entwurf, der Text
10. co-ordination [kəʊˌɔːdɪˈneɪʃən] - die Koordination
11. creative [krɪˈeɪtɪv] - kreativ
12. customer [ˈkʌstəmə] - der Kunde
13. dark [daːk] - dunkel
14. develop [dɪˈveləp] - entwickeln
15. different [ˈdɪf(ə)r(ə)nt] - verschieden
16. difficult [ˈdɪfɪk(ə)lt] - schwer
17. especially [ɪsˈpeʃəlɪ] - vor allem
18. etc. [ɪtˈset(ə)rə] - usw.
19. funny [ˈfʌnɪ] - lustig
20. future [ˈfjuːtʃə] - zukünftig

21. get [get] - bekommen
22. hi [haɪ] - hallo
23. human ['hju:mən] - der Mensch
24. magazine [ˌmægə'zi:n] - die Zeitschrift
25. newspaper ['nju:sˌpeɪpə] - die Zeitung
26. nobody ['nəʊbədɪ] - niemand
27. nose [nəʊz] - die Nase
28. nothing ['nʌθɪŋ] - nichts
29. outdoors [ˌaʊt'dɔ:z] - draußen
30. playing [pleɪŋ] - spielen
31. possible ['pɔsəbl] - möglich
32. as often as possible - so oft wie möglich
33. produce ['prɔdju:s] - herstellen
34. profession [prə'feʃ(ə)n] - der Beruf
35. rain [reɪn] - der Regen
36. ready ['redɪ] - fertig

37. record ['rekɔ:d] - aufnehmen
38. refuse [rɪ'fju:z] - ablehnen
39. rule [ru:l] - die Regel
40. sad [sæd] - traurig
41. sell [sel] - verkaufen
42. since [sɪn(t)s], as - da, weil
43. skill [skɪl] - die Fähigkeit
44. sleeping ['sli:pɪŋ] - schlafen
45. stairs [steəz] - die Treppe
46. story ['stɔ:rɪ] - die Geschichte
47. talk [tɔ:k] - sich unterhalten
48. text [tekst] - der Text
49. thirty ['θə:tɪ] - dreißig
50. walking ['wɔ:kɪŋ] - laufen
51. world [wə:ld] - die Welt

B

Paul works at a publishing house

Paul works as a young helper at the publishing house All-round. He does writing work.

"Paul, our firm's name is All-round," the head of the firm Mr. Fox says, "And this means we can do any text composition and design work for any customer. We get many orders from newspapers, magazines and from other customers. All of the orders are different but we never refuse any."

Paul likes this job a lot because he can develop creative skills. He enjoys creative works like writing compositions and design. Since he studies design at college it is a very suitable job for his future profession.

Mr. Fox has some new tasks for him today.

Paul arbeitet in einem Verlag

Paul arbeitet als junger Helfer im Verlag All-Round. Er erledigt Schreibarbeiten.

„Paul, unsere Firma heißt All-Round", sagt der Firmenchef Herr Fox. „Und das heißt, dass wir für jeden Kunden jede Art von Text und Design entwickeln können. Wir bekommen viele Aufträge von Zeitungen, Zeitschriften und anderen Kunden. Alle Aufträge sind verschieden, aber wir lehnen nie einen ab."

Paul mag diesen Job sehr, da er kreative Fähigkeiten entwickeln kann. Kreative Arbeit wie Schreiben und Design gefällt ihm. Da er Design an der Universität studiert, ist es ein passender Job für seinen zukünftigen Beruf.

Heute hat Herr Fox neue Aufgaben für ihn.

„Wir haben einige Aufträge. Du kannst zwei davon

"We have some orders. You can do two of them," Mr. Fox says, "The first order is from a telephone company. They produce telephones with answering machines. They need some funny texts for answering machines. Nothing sells better than funny things. Compose four or five texts, please."

"How long must they be?" Paul asks.

"They can be from five to thirty words," Mr. Fox answers, "And the second order is from the magazine "Green world". This magazine writes about animals, birds, fish etc. They need a text about any home animal. It can be funny or sad, or just a story about your own animal. Do you have an animal?"

"Yes, I do. I have a cat. Its name is Favorite," Paul answers, "And I think I can write a story about its tricks. When must it be ready?"

"These two orders must be ready by tomorrow," Mr. Fox answers.

"Okay. May I begin now?" Paul asks.

"Yes, Paul," Mr. Fox says.

Paul brings those texts the next day. He has five texts for the answering machines. Mr. Fox reads them:

1. "Hi. Now you say something."

2. "Hello. I am an answering machine. And what are you?"

3. "Hi. Nobody is at home now but my answering machine is. So you can talk to it instead of me. Wait for the beep."

4. "This is not an answering machine. This is a thought-recording machine. After the beep, think about your name, your reason for calling and a number which I can call you back. And I will think about calling you back."

5. "Speak after the beep! You have the right to be silent. I will record and use everything you say."

"It is not bad. And what about animals?" Mr. Fox asks. Paul gives him another sheet of paper. Mr. Fox reads:

erledigen", sagt Herr Fox. „Der erste Auftrag ist von einer Telefonfirma. Sie stellen Telefone mit Anrufbeantwortern her. Sie brauchen ein paar lustige Texte für die Anrufbeantworter. Nichts verkauft sich besser als etwas Lustiges. Entwirf bitte vier, fünf Texte."

„Wie lang sollen sie sein?", fragt Paul.

„Sie können fünf bis dreißig Wörter haben", antwortet Herr Fox. „Der zweite Auftrag ist von der Zeitung ‚Grüne Welt'. Diese Zeitung schreibt über Tiere, Vögel, Fische usw. Sie brauchen einen Text über irgendein Haustier. Er kann lustig oder traurig sein oder einfach eine Geschichte über dein eigenes Haustier. Hast du ein Haustier?"

„Ja, ich habe eine Katze. Sie heißt Favorite", antwortet Paul. „Und ich denke, ich kann eine Geschichte über ihre Streiche schreiben. Wann sollen die Texte fertig sein?"

„Diese zwei Aufträge sollen bis morgen fertig sein", antwortet Herr Fox.

„Gut. Kann ich anfangen?", fragt Paul.

„Ja", sagt Herr Fox.

Paul bringt die Texte am nächsten Tag. Er hat fünf Texte für den Anrufbeantworter. Herr Fox liest sie:

1. „Hallo. Jetzt musst du etwas sagen".

2. „Hallo, ich bin ein Anrufbeantworter. Und was bist du?"

3. „Hallo. Außer meinem Anrufbeantworter ist gerade niemand zu Hause. Du kannst dich mit ihm unterhalten. Warte auf den Piepton".

4. „Das ist kein Anrufbeantworter. Das ist ein Gedankenaufnahmegerät. Nach dem Piepton denke an deinen Namen, den Grund, aus dem du anrufst, und die Nummer, unter der ich dich zurückrufen kann. Und ich werde darüber nachdenken, ob ich dich zurückrufe."

5. „Sprechen Sie nach dem Piepton! Sie haben das Recht, Ihre Aussage zu verweigern. Ich werde alles, was Sie sagen, aufzeichnen und verwenden."

„Nicht schlecht. Und was ist mit den Tieren?", fragt Herr Fox. Paul gibt ihm ein anderes Blatt. Herr Fox liest:

Some rules for cats

Walking:

As often as possible, run quickly and as close as possible in front of a human, especially: on stairs, when they have something on their hands, in the dark, and when they get up in the morning. This will train their co-ordination.

In bed:

Always sleep on a human at night. So he or she cannot turn in the bed. Try to lie on his or her face. Make sure that your tail is right on their nose.

Sleeping:

To have a lot of energy for playing, a cat must sleep a lot (at least 16 hours per day). It is not difficult to find a suitable place to sleep. Any place where a human likes to sit is good. There are good places outdoors too. But you cannot use them when it rains or when it is cold. You can use open windows instead.

Mr. Fox laughs.

"Good work, Paul! I think the magazine "Green world" will like your composition," he says.

Regeln für Katzen

Laufen:

Renne so oft wie möglich schnell und nahe an einem Menschen vorbei, vor allem: auf Treppen, wenn sie etwas tragen, im Dunkeln und wenn sie morgens aufstehen. Das trainiert ihre Koordination.

Im Bett:

Schlafe nachts immer auf dem Menschen, damit er sich nicht umdrehen kann. Versuche, auf seinem Gesicht zu liegen. Vergewissere dich, dass dein Schwanz genau auf seiner Nase liegt.

Schlafen:

Um genug Energie zum Spielen zu haben, muss eine Katze viel schlafen (mindestens sechzehn Stunden am Tag). Es ist nicht schwer, einen passenden Schlafplatz zu finden. Jeder Platz, an dem ein Mensch gerne sitzt, ist gut. Draußen gibt es auch viele gute Plätze. Du kannst sie aber nicht verwenden, wenn es regnet oder kalt ist. Du kannst stattdessen das offene Fenster verwenden.

Herr Fox lacht.

„Gute Arbeit, Paul! Ich denke, die Zeitung ‚Grüne Welt' wird deinen Entwurf mögen", sagt er.

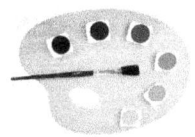

23

Cat rules

Katzenregeln

A

Words

1. although [ɔːlˈðəʊ] - obwohl, trotzdem
2. anything [ˈenɪθɪŋ] - etwas, nichts
3. behind [bɪˈhaɪnd] - hinter
4. bite [baɪt] - beißen
5. chance [tʃɑːn(t)s] - die Chance
6. child [tʃaɪld] - das Kind
7. cooking [ˈkʊkɪŋ] - kochend
8. few [fjuː] - wenig; a few [fjuː] - ein paar
9. forget [fəˈget] - vergessen
10. fun [fʌn] - der Spaß
11. get [ˈget] - bekommen
12. guest [gest] - der Gast
13. hide [haɪd] - sich verstecken
14. hide-and-seek [ˌhaɪdəndˈsiːk] - das Versteckspiel

15. homework [ˈhəʊmwəːk] - die Hausaufgaben
16. keyboard [ˈkiːbɔːd] - die Tastatur
17. kiss [kɪs] - küssen
18. leg [leg] - das Bein
19. love [lʌv] - die Liebe
20. to love - lieben
21. mosquito [mɔsˈkiːtəʊ] - die Stechmücke
22. mystery [ˈmɪst(ə)rɪ] - das Rätsel
23. panic [ˈpænɪk] - die Panik; to panic - in Panik versetzen
24. planet [ˈplænɪt] - der Planet
25. plate [pleɪt] - der Teller
26. pretend [prɪˈtend] - vorgeben; so tun, als ob
27. reading [ˈriːdɪŋ] - lesend
28. rub [rʌb] - reiben
29. run away [rʌn əˈweɪ] - weglaufen
30. school [skuːl] - die Schule
31. season [ˈsiːz(ə)n] - die (Jahres)zeit
32. secret [ˈsiːkrət] - das Geheimnis
33. sometimes [ˈsʌmtaɪmz] - manchmal, ab und zu
34. steal [stiːl] - stehlen
35. step [step] - der Schritt; to step - treten
36. tasty [ˈteɪstɪ] - lecker
37. thinking [ˈθɪŋkɪŋ] - denken
38. toilet [ˈtɔɪlət] - die Toilette
39. weather [ˈweðə] - das Wetter

B

Cat rules

"The magazine "Green world" places a new order," Mr. Fox says to Paul next day, "And this order is for you, Paul. They like your composition and they want a bigger text about "Cat rules".

It takes Paul two days to compose this text. Here it is.

Some secret rules for cats

Although cats are the best and the most wonderful animals on this planet, they sometimes do very strange things. One of the humans managed to steal some cat secrets. They are some rules of life in order to take over the world! But how these rules will help cats is still a total mystery to the humans.

Bathrooms:

Always go with guests to the bathroom and to the toilet. You do not need to do anything.

Katzenregeln

„Die Zeitschrift ‚Grüne Welt' hat uns einen neuen Auftrag erteilt", sagt Herr Fox am nächsten Tag zu Paul. „Und dieser Auftrag ist für dich. Ihnen hat dein Entwurf gefallen und sie wollen einen längeren Text über ‚Katzenregeln'."

Paul braucht zwei Tage für diesen Text. Hier ist er.

Geheime Regeln für Katzen

Obwohl Katzen die besten und wundervollsten Tiere auf diesem Planeten sind, tun sie manchmal sehr seltsame Dinge. Einem Menschen ist es gelungen, ein paar Katzengeheimnisse zu stehlen. Es sind Lebensregeln, um die Weltherrschaft zu übernehmen! Es bleibt jedoch ein Rätsel, wie diese Regeln den Katzen helfen sollen.

Badezimmer:

Gehe immer mit Gästen ins Badezimmer und auf die Toilette. Du musst nichts tun. Sitze einfach nur da, sieh

Just sit, look and sometimes rub their legs.

Doors:

All doors must be open. To get a door opened, stand looking sad at humans. When they open a door, you need not go through it. After you open in this way the outside door, stand in the door and think about something. This is especially important when the weather is very cold, or when it is a rainy day, or when it is the mosquito season.

Cooking:

Always sit just behind the right foot of cooking humans. So they cannot see you and you have a better chance that a human steps on you. When it happens, they take you in their hands and give something tasty to eat.

Reading books:

Try to get closer to the face of a reading human, between eyes and the book. The best is to lie on the book.

Children's school homework:

Lie on books and copy-books and pretend to sleep. But from time to time jump on the pen. Bite if a child tries to take you away from the table.

Computer:

If a human works with a computer, jump up on the desk and walk over the keyboard.

Food:

Cats need to eat a lot. But eating is only half of the fun. The other half is getting the food. When humans eat, put your tail in their plate when they do not look. It will give you a better chance to get a full plate of food. Never eat from your own plate if you can take some food from the table. Never drink from your own water plate if you can drink from a human's cup.

Hiding:

Hide in places where humans cannot find you for a few days. This will make humans panic (which they love) thinking that you ran away.

sie an und reibe dich ab und zu an ihren Beinen.

Türen:

Alle Türen müssen offen sein. Um eine Tür zu öffnen, stelle dich mit einem traurigen Blick vor den Menschen. Wenn er eine Tür öffnet, musst du nicht durchgehen. Wenn du auf diese Weise die Haustür geöffnet hast, bleibe in der Tür stehen und denke nach. Das ist vor allem wichtig, wenn es sehr kalt ist oder regnet oder in der Stechmückenzeit.

Kochen:

Setze dich immer genau hinter den rechten Fuß von kochenden Menschen. So können sie dich nicht sehen und die Chance ist größer, dass sie auf dich treten. Wenn das passiert, nehmen sie dich auf den Arm und geben dir etwas Leckeres zu essen.

Lesen:

Versuche, nahe an das Gesicht der lesenden Person zu kommen, zwischen Augen und Buch. Am besten ist es, sich auf das Buch zu legen.

Hausaufgaben der Kinder:

Lege dich auf Bücher und Hefte und tue so, als ob du schläfst. Springe von Zeit zu Zeit auf den Stift. Beiße, falls ein Kind versucht, dich vom Tisch zu verscheuchen.

Computer:

Wenn ein Mensch am Computer arbeitet, springe auf den Tisch und laufe über die Tastatur.

Essen:

Katzen müssen viel essen. Aber Essen ist nur der halbe Spaß. Die andere Hälfte ist, das Essen zu bekommen. Wenn Menschen essen, lege deinen Schwanz auf ihren Teller, wenn sie nicht hinsehen. Damit vergrößerst du deine Chancen, einen ganzen Teller Essen zu bekommen. Iss nie von deinem eigenen Teller, wenn du Essen vom Tisch nehmen kannst. Trink nie aus deiner eigenen Schüssel, wenn du aus der Tasse eines Menschen trinken kannst.

Verstecken:

Verstecke dich an Orten, an denen dich Menschen ein paar Tage lang nicht finden können. Das wird die Menschen in Panik versetzen (was sie lieben), weil sie glauben, dass du weggelaufen bist. Wenn du aus deinem

When you come out of the hiding place, the humans will kiss you and show their love. And you may get something tasty.

Humans:

Tasks of humans are to feed us, to play with us, and to clean our box. It is important that they do not forget who the head of the house is.

Versteck hervorkommst, werden sie dich küssen und dir ihre Liebe zeigen. Und du bekommst vielleicht etwas Leckeres.

Menschen:

Die Aufgabe des Menschen ist, uns zu füttern, mit uns zu spielen und unsere Kiste sauber zu machen. Es ist wichtig, dass sie nicht vergessen, wer der Chef im Haus ist.

24

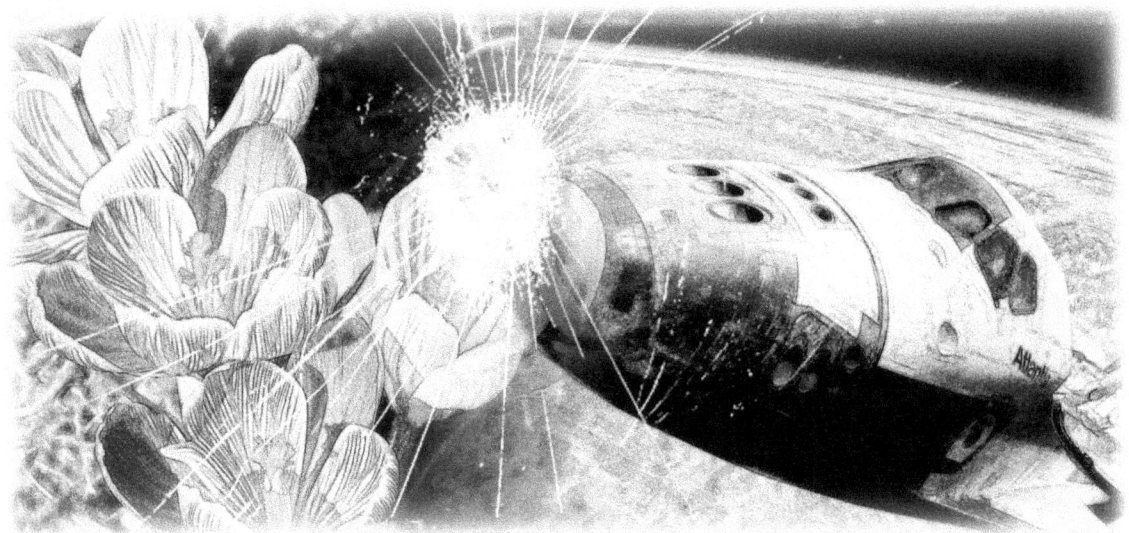

Teamwork

Gruppenarbeit

A

Words

1. against [əˈgen(t)st] - gegen
2. alien [ˈeɪliən] - der Außerirdische
3. beautiful [ˈbjuːtəfəl] - wunderschön
4. began [bɪˈgæn] - begann, begonnen
5. billion [ˈbɪliən] - Billionen
6. came [keɪm] - kam, gekommen
7. captain [ˈkæptɪn] - der Kapitän
8. central [ˈsentrl] - Haupt-, zentral
9. colleague [ˈkɔliːg] - der Kollege
10. continue [kənˈtɪnjuː] - fortführen
11. continued [kənˈtɪnjuːd] to watch - weiter schauen
12. dance [dɑːns] - tanzen
13. danced [dɑːnst] - getanzt *(part.)*
14. dancing [ˈdɑːnsɪŋ] - tanzend
15. destroy [dɪˈstrɔɪ] - zerstören
16. die [daɪ] - sterben
17. died - starb
18. earth [əːθ] - die Erde
19. either [ˈaɪðə] of you - einer von euch
20. fall [fɔːl] - fallen
21. fell [fel] - fiel
22. finished [ˈfɪnɪʃt] - fertig
23. flew away [fluː əˈweɪ] - flog weg

24. flower ['flaʊə] - die Blume
25. garden ['gɑːdn] - der Garten
26. had [həd] - hatte, gehabt
27. heard [həːd] - hörte, gehört
28. informed [ɪnˈfɔːmd] - informierte, mitgeteilt
29. killed [kɪld] - tötete, getötet *(part.)*
30. knew [njuː] - wusste
31. laser [ˈleɪzə] - der Laser
32. looked [lʊkt] - sah, schaute, geschaut
33. loved [ˈlʌvd] - liebte, geliebt
34. moved [muːvd] - bewegte sich
35. pointed [ˈpɔɪntɪd] - richtete
36. radar [ˈreɪdɑː] - der Radar
37. radio [ˈreɪdɪəʊ] - das Radio
38. remembered [rɪˈmembəd] - erinnerte sich
39. said [sed] - sagte
40. serial [ˈsɪərɪəl] - die Serie
41. shook [ʃʊk] - wackelte
42. short [ʃɔːt] - kurz
43. smiled [smaɪld] - lächelte, gelächelt
44. soon [suːn] - bald
45. space [speɪs] - das Weltall
46. spaceship [ˈspeɪsʃɪp] - das Raumschiff
47. stopped [stɔpt] - beendete
48. switched on [swɪtʃt ɔn] - machte an
49. take part [teɪk pɑːt] - teilnehmen
50. teach [tiːtʃ] - beibringen
51. thousand [ˈθaʊz(ə)nd] - tausend
52. TV-set [ˌtiːˈvɪset] - der Fernseher
53. until [(ə)nˈtɪl] - bis
54. war [wɔː] - der Krieg
55. went [went] away - verlassen
56. working [ˈwəːkɪŋ] - arbeitend

 B

Teamwork

David wants to be a journalist. He studies at a college. He has a composition lesson today. Mr. Kite teaches students to write composition.

"Dear friends," he says, "some of you will work for publishing houses, newspapers or magazines, the radio or television. This means you will work in a team. Working in a team is not simple. Now I want that you try to make a journalistic composition in a team. I need a boy and a girl."

Many students want to take part in the team work. Mr. Kite chooses David and Carol. Carol is from Spain but she can speak English very well.

Gruppenarbeit

David will Journalist werden. Er studiert an der Universität. Heute hat er einen Schreibkurs. Herr Kite bringt den Studenten bei, Artikel zu schreiben.

„Liebe Freunde", sagt er, „ein paar von euch werden für Verlage, Zeitungen oder Zeitschriften, das Radio oder das Fernsehen arbeiten. Das bedeutet, dass ihr in einer Gruppe arbeiten werdet. Es ist nicht einfach, in einer Gruppe zu arbeiten. Ich möchte, dass ihr jetzt versucht, in einer Gruppe einen journalistischen Text zu schreiben. Ich brauche einen Jungen und ein Mädchen."

Viele Studenten wollen bei der Gruppenarbeit mitmachen. Herr Kite wählt David und Carol. Carol kommt aus Spanien, aber sie spricht sehr gut Englisch.

"Please, sit at this table. Now you are colleagues," Mr. Kite says to them, "You will write a short composition. Either of you will begin the composition and then give it to your colleague. Your colleague will read the composition and continue it. Then your colleague will give it back and the first one will read and continue it. And so on until your time is over. I give you twenty minutes."

Mr. Kite gives them paper and Carol begins. She thinks a little and then writes.

Team composition

Carol: Julia was looking through the window. The flowers in her garden were moving in the wind as if dancing. She remembered that evening when she danced with Billy. It was a year ago but she remembered everything - his blue eyes, his smile and his voice. It was a happy time for her but it was over now. Why was not he with her?

David: At this moment space captain Billy Brisk was at the spaceship White Star. He had an important task and he did not have time to think about that silly girl who he danced with a year ago. He quickly pointed the lasers of White Star at alien spaceships. Then he switched on the radio and talked to the aliens: "I give you an hour to give up. If in one hour you do not give up I will destroy you." But before he finished an alien laser hit the left engine of the White Star. Billy's laser began to hit alien spaceships and at the same time he switched on the central and the right engines. The alien laser destroyed the working right engine and the White Star shook badly. Billy fell on the floor thinking during the fall which of the alien spaceships he must destroy first.

Carol: But he hit his head on the metal floor and died at the same moment. But before he died he remembered the poor beautiful girl who loved him and he was very sorry that he went away from her. Soon people stopped this silly war on poor aliens. They destroyed all of their own spaceships and lasers and informed the aliens that people would never

„Setzt euch bitte an diesen Tisch. Ihr seid jetzt Kollegen", sagt Herr Kite zu ihnen. „Ihr werdet einen kurzen Text schreiben. Einer von euch beginnt den Text und gibt ihn dann seinem Kollegen. Der Kollege liest den Text und führt ihn fort. Dann gibt euer Kollege ihn zurück, der Erste liest ihn und führt ihn fort. Und so weiter, bis die Zeit vorbei ist. Ihr habt zwanzig Minuten".

Herr Kite gibt ihnen Papier, und Carol fängt an. Sie denkt kurz nach und schreibt dann.

Gruppenarbeit

Carol: Julia sah aus dem Fenster. Die Blumen in ihrem Garten bewegten sich im Wind, als ob sie tanzten. Sie erinnerte sich an den Abend, an dem sie mit Billy getanzt hatte. Das war vor einem Jahr gewesen, aber sie erinnerte sich an alles - seine blauen Augen, sein Lächeln, seine Stimme. Es war eine glückliche Zeit für sie gewesen, aber sie war nun vorbei. Warum war er nicht bei ihr?

David: Zu dieser Zeit war Raumschiffkapitän Billy Brisk in seinem Raumschiff White Star. Er hatte eine wichtige Mission und keine Zeit, über dieses dumme Mädchen, mit dem er vor einem Jahr getanzt hatte, nachzudenken. Schnell richtete er den Laser der White Star auf die Raumschiffe Außerirdischer. Dann stellte er das Funkgerät an und sprach zu den Außerirdischen: „Ihr habt eine Stunde, um aufzugeben. Wenn ihr in einer Stunde nicht aufgebt, werde ich euch zerstören." Kurz bevor er seine Rede beendet hatte, traf jedoch ein Laser der Außerirdischen den linken Motor der White Star. Billys Laser begann, auf die Raumschiffe der Außerirdischen zu schießen, und gleichzeitig schaltete Billy den Hauptmotor und den rechten Motor an. Der Laser der Außerirdischen zerstörte den funktionierenden rechten Motor, und die White Star wackelte stark. Billy fiel auf den Boden und überlegte währenddessen, welches der Raumschiffe der Außerirdischen er zuerst zerstören musste.

Carol: Aber er schlug mit seinem Kopf auf dem metallenen Boden auf und war sofort tot. Bevor er starb, dachte er noch an das arme schöne Mädchen, das ihn liebte, und es tat ihm sehr leid, dass er es verlassen hatte. Kurz darauf beendeten die Menschen den dummen Krieg gegen die armen Außerirdischen. Sie zerstörten all ihre eigenen Raumschiffe und Laser und teilten den Außerirdischen mit, dass die Menschen nie

start a war against them again. People said that they wanted to be friends with the aliens. Julia was very glad when she heard about it. Then she switched on the TV-set and continued to watch a wonderful German serial.

David: Because people destroyed their own radars and lasers, nobody knew that spaceships of aliens came very close to the Earth. Thousands of aliens' lasers hit the Earth and killed poor silly Julia and five billion people in a second. The Earth was destroyed and its turning parts flew away in space.

 "I see you came to the finish before your time is over," Mr. Kite smiled, "Well, the lesson is over. Let us read and speak about this team composition during the next lesson."

wieder einen Krieg gegen sie beginnen würden. Die Menschen sagten, sie wollten Freunde der Außerirdischen sein. Julia war sehr froh, als sie davon hörte. Dann machte sie den Fernseher an und schaute eine tolle deutsche Serie weiter.

David: Da die Menschen ihre eigenen Radare und Laser zerstört hatten, wusste niemand, dass Raumschiffe der Außerirdischen der Erde sehr nahe kamen. Tausende Laser der Außerirdischen trafen die Erde und töten die arme, dumme Julia und fünf Billionen Menschen in einer Sekunde. Die Erde war zerstört, und ihre Teile flogen in den Weltraum hinaus.

„Wie ich sehe, habt ihr euren Text fertig, bevor die Zeit um ist", sagte Herr Kite lächelnd. „Gut, der Unterricht ist vorbei. Lasst uns das nächste Mal diese Gruppenarbeit lesen und darüber sprechen."

25

Robert and David are looking for a new job
Robert und David suchen einen neuen Job

A

Words

1. ad [æd] - das Inserat
2. advert [əd'və:t] - die Anzeige
3. age [eɪdʒ] - das Alter
4. aloud [ə'laʊd] - laut
5. art [a:t] - die Kunst
6. artist ['a:tɪst] - der Künstler
7. consultancy [kən'sʌltənsɪ] - die Beratung
8. dirty ['də:tɪ] - dreckig
9. doctor ['dɔktə] - der Arzt
10. dream [dri:m] - der Traum
11. to dream - träumen
12. engineer [ˌendʒɪ'nɪə] - der Ingenieur
13. estimate ['estɪmeɪt] - beurteilen
14. farmer ['fa:mə] - der Bauer
15. food [fu:d] - das Essen
16. found [faʊnd] - gefunden
17. gift [gɪft] - die Begabung
18. idea [aɪ'dɪə] - die Idee
19. kitten ['kɪt(ə)n] - das Kätzchen

20. leader ['li:də] - der Führer
21. method ['meθəd] - die Methode
22. monotonous [mə'nɔtənəs] - monoton
23. nature ['neɪtʃə] - die Natur
24. neighbour ['neɪbə] - der Nachbar
25. personal ['pə:sən(ə)l] - persönlich
26. pet [pet] - das Haustier
27. programmer ['prəugræmə] - der Programmierer
28. puppy ['pʌpɪ] - der Welpe
29. questionnaire [kwestʃə'neə] - der Fragebogen
30. rat [ræt] - die Ratte
31. recommend [ˌrekə'mend] - empfehlen
32. recommendation [rekəmen'deɪʃn] - die Empfehlung
33. rubric ['ru:brɪk] - die Rubrik
34. serve [sə:v] - bedienen
35. sly [slaɪ] - schlau
36. spaniel ['spænjel] - der Spaniel
37. Spanish ['spænɪʃ] - spanisch
38. translator [trænz'leɪtə, træns'leɪtə] - der Übersetzer
39. travel ['træv(ə)l] - reisen
40. vet [vet] - der Tierarzt
41. while [(h)waɪl] - während
42. writer ['raɪtə] - der Schriftsteller

B

Robert and David are looking for a new job

Robert and David are at David's home. David is cleaning the table after breakfast and Robert is reading adverts and ads in a newspaper. He is reading the rubric "Animals". David's sister Nancy is in the room too. She is trying to catch the cat hiding under the bed.

"There are so many pets for free in the newspaper. I think I will choose a cat or a dog. David, what do you think?" Robert asks David.

"Nancy, do not bother the cat!" David says angrily, "Well Robert, it is not a bad idea. Your pet will always wait for you at home and will be so happy when you come back home and give some food. And do not forget that you will have to walk with your pet in mornings and evenings or clean its box. Sometimes you will have to clean the floor or take your pet to a vet. So think carefully before you get an animal."

"Well, there are some ads here. Listen," Robert says and begins to read aloud:

Robert und David suchen einen neuen Job

Robert und David sind bei David zu Hause. David macht den Tisch nach dem Frühstück sauber, und Robert liest Anzeigen und Inserate in der Zeitung. Er liest die Rubrik ‚Tiere'. Davids Schwester Nancy ist auch im Zimmer. Sie versucht, die Katze, die sich unterm Bett versteckt, zu fangen.

„Es gibt so viele kostenlose Tiere in der Zeitung. Ich denke, ich werde mir eine Katze oder einen Hund aussuchen. Was meinst du, David?", fragt Robert.

„Nancy, hör auf, die Katze zu ärgern", sagt David wütend. „Na ja, Robert, das ist keine schlechte Idee. Dein Haustier wartet immer zu Hause auf dich und ist so glücklich, wenn du nach Hause kommst und ihm Futter gibst. Und vergiss nicht, dass du morgens und abends mit deinem Tier Gassi gehen oder seine Kiste sauber machen musst. Manchmal musst du den Boden putzen oder mit dem Tier zum Tierarzt gehen. Also, denk gut darüber nach, bevor du dir ein Haustier anschaffst."

„Also, hier sind ein paar Anzeigen. Hör zu", sagt Robert

"Found dirty white dog, looks like a rat. It may live outside for a long time. I will give it away for money."

Here is one more:

"Spanish dog, speaks Spanish. Give away for free. And free puppies half spaniel half sly neighbor's dog,"

Robert looks at David, "How can a dog speak Spanish?"

"A dog may understand Spanish. Can you understand Spanish?" David asks smiling.

"I cannot understand Spanish. Listen, here is one more ad:

"Give away free farm kittens. Ready to eat. They will eat anything,"

Robert turns the newspaper, "Well, I think pets can wait. I will better look for a job," he finds the rubric about jobs and reads aloud,

"Are you looking for a suitable job? The job consultancy "Suitable personnel" can help you. Our consultants will estimate your personal gifts and will give you a recommendation about the most suitable profession."

Robert looks up and says: "David what do you think?"

"The best job for you is washing a truck in the sea and let it float," Nancy says and quickly runs out of the room.

"It is not a bad idea. Let's go now," David answers and takes carefully the cat out of the kettle, where Nancy put the animal a minute ago.

Robert and David arrive to the job consultancy "Suitable personnel" by their bikes. There is no queue, so they go inside. There are two women there. One of them is speaking on the telephone. Another woman is writing something. She asks Robert and David to take seats. Her name is Mrs. Sharp. She asks them their names and their age.

"Well, let me explain the method which we use. Look, there are five kinds of professions.

und beginnt, laut vorzulesen:

„Habe einen dreckigen, weißen Hund gefunden, sieht aus wie eine Ratte. Hat vielleicht lange auf der Straße gelebt. Ich gebe ihn für Geld her.

Und hier noch eine:

Spanischer Hund, spricht Spanisch. Gebe ihn kostenlos ab. Und kostenlose Welpen, halb Spaniel, halb schlauer Nachbarshund."

Robert sieht David an: „Wie kann ein Hund Spanisch sprechen?"

„Ein Hund kann Spanisch verstehen. Verstehst du Spanisch?", fragt David grinsend.

„Ich verstehe kein Spanisch. Hör zu, hier ist noch eine Anzeige:

Gebe kostenlos Kätzchen vom Bauernhof her. Fertig zum Essen. Sie essen alles."

Robert blättert die Zeitung um. „Na gut, ich denke, Tiere können warten. Ich suche besser einen Job." Er findet die Stellenanzeigen und liest laut:

„Suchen Sie nach einem passenden Job? Die Arbeitsvermittlung ‚Passende Mitarbeiter' kann Ihnen helfen. Unsere Berater beurteilen Ihre persönliche Begabung und erstellen Ihnen eine Empfehlung für den passendsten Beruf."

Robert sieht auf und sagt: „Was meinst du, David?"

„Der beste Job für euch ist, einen Laster im Meer zu waschen und ihn wegschwimmen zu lassen", sagt Nancy und rennt dann schnell aus dem Zimmer.

„Keine schlechte Idee. Lass uns gleich gehen", antwortet David und holt vorsichtig die Katze aus dem Kessel, in den Nancy sie kurz zuvor gelegt hatte.

Robert und David fahren mit dem Fahrrad zur Arbeitsvermittlung ‚Passende Mitarbeiter'. Es gibt keine Schlange und sie gehen hinein. Zwei Frauen sind da. Eine von ihnen telefoniert. Die andere schreibt etwas. Sie bittet Robert und David, Platz zu nehmen. Sie heißt Frau Sharp. Sie fragt sie nach ihren Namen und ihrem Alter.

„Gut, lasst mich euch die Methode, nach der wir arbeiten, erklären. Seht, es gibt fünf Berufskategorien:

1. The first kind is man - nature. Professions: farmer, zoo worker etc.

2. The second kind is man - machine. Professions: pilot, taxi driver, truck driver etc.

3. The third kind is man - man. Professions: doctor, teacher, journalist etc.

4. The fourth kind is man - computer. Professions: translator, engineer, programmer etc.

5. The fifth kind is man - art. Professions: writer, artist, singer etc.

We give recommendations about a suitable profession only when we learn about you more. First let me estimate your personal gifts. I must know what you like and what you dislike. Then we will know which kind of profession is the most suitable for you. Please, fill up the questionnaire now," Mrs. Sharp says and gives them the questionnaires. David and Robert fill up the questionnaires.

Questionnaire

Name: David Tweeter

Watch machines - I do not mind

Speak with people - I like

Serve customers - I do not mind

Drive cars, trucks - I like

Work inside - I like

Work outside - I like

Remember a lot - I do not mind

Travel - I like

Estimate, check - I hate

Dirty work - I do not mind

Monotonous work - I hate

Hard work - I do not mind

Be leader - I do not mind

Work in team - I do not mind

Dream while working - I like

Train - I do not mind

1. Die Erste ist Mensch - Natur. Berufe: Bauer, Tierpfleger usw.

2. Die Zweite ist Mensch - Maschine. Berufe: Pilot, Taxifahrer, Lastwagenfahrer usw.

3. Die Dritte ist Mensch - Mensch. Berufe: Arzt, Lehrer, Journalist usw.

4. Die Vierte ist Mensch - Computer. Berufe: Übersetzer, Ingenieur, Programmierer usw.

5. Die Fünfte ist Mensch - Kunst. Berufe: Schriftsteller, Künstler, Sänger usw.

Wir erstellen Empfehlungen für passende Berufe erst, wenn wir euch besser kennengelernt haben. Lasst mich zuerst eure persönlichen Begabungen beurteilen. Ich muss wissen, was ihr mögt und was ihr nicht mögt. Dann wissen wir, welcher Beruf am besten zu euch passt. Füllt jetzt bitte den Fragebogen aus", sagt Frau Sharp und gibt ihnen die Fragebögen. David und Robert füllen die Fragebögen aus.

Fragebogen

Name: David Tweeter

Maschinen beobachten - Habe ich nichts dagegen

Mit Menschen sprechen - Mag ich

Kunden bedienen - Habe ich nichts dagegen

Autos, Lastwagen fahren - Mag ich

Im Büro arbeiten - Mag ich

Draußen arbeiten - Mag ich

Mir viel merken - Habe ich nichts dagegen

Reisen - Mag ich

Bewerten, kontrollieren - Hasse ich

Dreckige Arbeit - Habe ich nichts dagegen

Monotone Arbeit - Hasse ich

Schwere Arbeit - Habe ich nichts dagegen

Führer sein - Habe ich nichts dagegen

In der Gruppe arbeiten - Habe ich nichts dagegen

Während der Arbeit träumen - Mag ich

Trainieren - Habe ich nichts dagegen

Do creative work - I like | Kreative Arbeit - Mag ich
Work with texts - I like | Mit Texten arbeiten - Mag ich

Questionnaire / *Fragebogen*

Name: *Robert Genscher* | Name: *Robert Genscher*

Watch machines - I do not mind | *Maschinen beobachten - Habe ich nichts dagegen*
Speak with people - I like | *Mit Menschen sprechen - Mag ich*
Serve customers - I do not mind | *Kunden bedienen - Habe ich nichts dagegen*
Drive cars, trucks - I do not mind | *Autos, Lastwagen fahren - Habe ich nichts dagegen*
Work inside - I like | *Im Büro arbeiten - Mag ich*
Work outside - I like | *Draußen arbeiten - Mag ich*
Remember a lot - I do not mind | *Mir viel merken - Habe ich nichts dagegen*
Travel - I like | *Reisen - Mag ich*
Estimate, check - I do not mind | *Bewerten, kontrollieren - Habe ich nichts dagegen*
Dirty work - I do not mind | *Dreckige Arbeit - Habe ich nichts dagegen*
Monotonous work - I hate | *Monotone Arbeit - Hasse ich*
Hard work - I do not mind | *Schwere Arbeit - Habe ich nichts dagegen*
Be leader - I hate | *Führer sein - Hasse ich*
Work in team - I like | *In der Gruppe arbeiten - Mag ich*
Dream while working - I like | *Während der Arbeit träumen - Mag ich*
Train - I do not mind | *Trainieren - Habe ich nichts dagegen*
Do creative work - I like | *Kreative Arbeit - Mag ich*
Work with texts - I like | *Mit Texten arbeiten - Mag ich.*

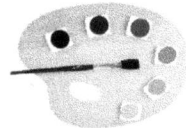

26

Applying to "San Francisco News"
Bewerbung bei den "San Francisco News"

A

Words

1. accompany [əˈkʌmpənɪ] - begleiten
2. apply [əˈplaɪ] - sich bewerben
3. arrived [əˈraɪvd] - angekommen
4. asked [ˈɑːskt] - gefragt
5. asterisk [ˈæst(ə)rɪsk] - das Sternchen
6. blank [blæŋk], empty [ˈemptɪ] - leer
7. could [kʊd] - könnte, kann
8. criminal [ˈkrɪmɪn(ə)l] - der Verbrecher
9. editor [ˈedɪtə] - der Herausgeber
10. education [ˌedjʊˈkeɪʃ(ə)n] - die Ausbildung
11. estimated - ausgewertet
12. female [ˈfiːmeɪl] - weiblich
13. field [fiːld] - das Feld
14. finance [ˈfaɪnæns, fɪˈnæns] - die Finanzwissenschaft
15. fluently [ˈfluːəntlɪ] - fließend
16. form [fɔːm] - das Formular
17. gave [geɪv] - gab

18. goodbye [gʊd'baɪ] - Auf Wiedersehen
19. information [ˌɪnfə'meɪʃ(ə)n] - die Information, die Angabe
20. learned ['lə:nɪd] about - kennengelernt
21. leave [li:v] - verlassen
22. male [meɪl] - männlich
23. middle ['mɪdl] name - der zweite Name
24. Miss [mɪs] - Fräulein
25. nationality [ˌnæʃ(ə)'næləti] - die Nationalität
26. patrol [pə'trəʊl] - die Patrouille, die Streife
27. police [pə'li:s] - die Polizei
28. recommended [ˌrekə'mendɪd] - empfohlen
29. report [rɪ'pɔ:t] - berichten
30. reporter [rɪ'pɔ:tə] - der Reporter
31. seventeen [ˌsev(ə)n'ti:n] - siebzehn
32. sex [seks] - das Geschlecht
33. single ['sɪŋgl] - ledig
34. status ['steɪtəs] - der Stand
35. family status - der Familienstand
36. took [tʊk] - nahm
37. twenty-one ['twenti wʌn] - einundzwanzig
38. underline ['ʌnd(ə)laɪn] - unterstreichen
39. week [wi:k] - die Woche
40. worked [wə:kt] - gearbeitet

 B

Applying to "San Francisco News"

Mrs. Sharp estimated David's and Robert's answers in the questionnaires. When she learned about their personal gifts she could give them some recommendations about suitable professions. She said that the third profession kind is the most suitable for them. They could work as a doctor, a teacher or a journalist etc. Mrs. Sharp recommended them to apply for a job with the newspaper „San Francisco News". They gave a part time job to students who could compose police reports for the criminal rubric. So Robert and David arrived at the personnel department of the newspaper „San Francisco News" and applied for this job.

"We have been to the job consultancy "Suitable personnel" today," David said to Miss Slim, who was the head of the personnel department, "They have recommended us to apply to your newspaper."

"Well, have you worked as a reporter before?"

Bewerbung bei den ‚San Francisco News'

Frau Sharp wertete Davids und Roberts Antworten im Fragebogen aus. Indem sie ihre persönlichen Begabungen kennenlernte, konnte sie ihnen Empfehlungen für passende Berufe geben. Sie sagte, dass die dritte Berufskategorie am besten zu ihnen passte. Sie könnten als Arzt, Lehrer oder Journalist arbeiten. Frau Sharp empfahl ihnen, sich um einen Job bei der Zeitung ‚San Francisco News' zu bewerben. Die hatte einen Nebenjob für Studenten zu vergeben, die Polizeiberichte in der Rubrik über Verbrechen verfassen konnten. Also gingen Robert und David in die Personalabteilung der Zeitung ‚San Francisco News' und bewarben sich um den Job.

„Wir waren heute bei der Arbeitsvermittlung Passende Mitarbeiter", sagte David zu Frau Slim, der Leiterin der Personalabteilung. „Sie haben uns empfohlen, uns bei Ihrer Zeitung zu bewerben."

„Habt ihr schon als Reporter gearbeitet?", fragte Frau

Miss Slim asked.

"No, we have not," David answered.

"Please, fill up these personal information forms," Miss Slim said and gave them two forms. Robert and David filled up the personal information forms.

Personal information form

You must fill up fields with asterisk *. You can leave other fields blank.

First name* - *David*

Middle name

Last name* - *Tweeter*

Sex* *(underline)* - <u>*Male*</u> *Female*

Age* - *Twenty years old*

Nationality* - *US*

Family status *(underline)* - <u>*single*</u> *married*

Address* - *11 Queen street, San Francisco, USA*

Education - *I am studying Journalism in the third year at a college*

Where have you worked before? - *I worked for two months as a farm worker*

What experience and skills have you had?* - *I can drive a car, a truck and I can use a computer*

Languages* 0 - no, 10 - fluently - *Spanish - 8, English - 10*

Driving license* *(underline)* - *No* <u>*Yes*</u> *Kind: BC, I can drive trucks*

You need a job* *(underline)* - *Full time* <u>*Part time*</u>: *15 hours a week*

You want to earn - *15 dollars per hour*

Personal information form

You must fill up fields with asterisk *. You can leave other fields blank.

First name* - *Robert*

Middle name

Slim.

„Nein", antwortete David.

„Füllt bitte diese Formulare mit euren persönlichen Angaben aus", sagte Frau Slim und gab ihnen zwei Formulare. Robert und David füllten sie aus.

Persönliche Angaben

Alle mit einem Sternchen * markierten Felder müssen ausgefüllt werden. Die anderen Felder können leer gelassen werden.

Vorname - David

Zweiter Name

Nachname - Tweeter

Geschlecht (unterstreiche) - <u>männlich</u> weiblich

Alter - Zwanzig

Nationalität - Amerikaner

Familienstand (unterstreiche) - <u>ledig</u> verheiratet

Addresse - 11 Queen street, San Francisco, USA

Ausbildung - Ich studiere Journalismus im dritten Jahr an der Universität

Wo haben Sie zuvor gearbeitet? - Ich habe zwei Monate auf einem Bauernhof gearbeitet

Welche Erfahrung und Fähigkeiten haben Sie? - Ich kann Auto und Lastwagen fahren und mit

dem Computer arbeiten.

Sprachen 0 - nein, 10 - fließend - Spanisch - 8, Englisch - 10

Führerschein (unterstreiche) - Nein <u>Ja</u> Typ: BC Kann Lastwagen fahren.

Sie brauchen einen Job (unterstreiche) - Vollzeit <u>Teilzeit</u>: 15 Stunden die Woche

Sie wollen verdienen - 15 Dollar die Stunde

Persönliche Angaben

Alle mit einem Sternchen * markierten Felder müssen ausgefüllt werden. Die anderen Felder können leer gelassen werden.

Vorname - Robert

Zweiter Name

Last name* - *Genscher*	*Nachname - Genscher*
Sex* *(underline)* - <u>*Male*</u> *Female*	*Geschlecht (unterstreiche)* - <u>*männlich*</u> *weiblich*
Age* - *Twenty-one years old*	*Alter - einundzwanzig*
Nationality* - *German*	*Nationalität - Deutscher*
Family status *(underline)* - <u>*Single*</u> *Married*	*Familienstand (unterstreiche)* - <u>*ledig*</u> *verheiratet*
Address* - *Room 218, student dorms, College Street 36, San Francisco, the USA.*	*Addresse - Zimer 218, Studentenwohnheim, College Street 36, San Francisco, USA*
Education - *I study computer design in the second year at a college*	*Ausbildung - Ich studiere Computerdesign im zweiten Jahr an der Universität*
Where have you worked before? - *I worked for two months as a farm worker*	*Wo haben Sie zuvor gearbeitet? - Ich habe zwei Monate auf einem Bauernhof gearbeitet*
What experience and skills have you had?* - *I can use a computer*	*Welche Erfahrung und Fähigkeiten haben Sie? - Ich kann mit dem Computer umgehen*
Languages* 0 - no, 10 - fluently - *German - 10, English - 8*	*Sprachen 0 - nein, 10 - fließend - Deutsch - 10, Englisch - 8*
Driving license* *(underline)* - <u>*No*</u> *Yes Kind:*	*Führerschein (unterstreiche)* - <u>*Nein*</u> *Ja Typ:*
You need a job* *(underline)* - *Full time* <u>*Part time:*</u> *15 hours a week*	*Sie brauchen einen Job (unterstreiche) - Vollzeit* <u>*Teilzeit:*</u> *15 Stunden die Woche*
You want to earn - *15 dollars per hour*	*Sie wollen verdienen - 15 Dollar die Stunde*

Miss Slim took their personal information forms to the editor of "San Francisco News".

"The editor has agreed," Miss Slim said when she came back, "You will accompany a police patrol and then compose reports for the criminal rubric. A police car will come tomorrow at seventeen o'clock to take you. Be here at this time, will you?"

"Sure," Robert answered.

"Yes, we will," David said, "Goodbye."

"Goodbye," Miss Slim answered.

Frau Slim brachte die Formulare mit ihren persönlichen Angaben zum Herausgeber der ‚San Francisco News'.

„Der Herausgeber ist einverstanden", sagte Frau Slim, als sie zurückkam. „Ihr begleitet eine Polizeistreife und schreibt dann Berichte für die Kriminalrubrik. Morgen um siebzehn Uhr werdet ihr von einem Polizeiauto abgeholt. Seid pünktlich da, ok?"

„Klar", antwortete Robert.

„Ja, wir werden pünktlich sein", sagte David. „Auf Wiedersehen".

„Auf Wiedersehen", antwortete Frau Slim.

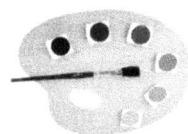

27

The police patrol (part 1)
Die Polizeistreife (Teil 1)

A

Words

1. accompanied [əˈkʌmpənid] - begleitet
2. afraid [əˈfreɪd] - ängstlich
3. alarm [əˈlaːm] - der Alarm
4. barked [baːkt] - bellte
5. closed [kləʊzd] - geschlossen
6. cried [kraɪd] - gerufen
7. damn [dæm] - verdammt
8. did [dɪd] - tat
9. drove [drəʊv] - fuhr
10. dry [draɪ] *(adj)* - trocken; to dry - trocknen
11. everybody [ˈevrɪbɔdɪ] - alle
12. fasten [ˈfaːsən] - anschnallen
13. gun [gʌn] - die Waffe

14. handcuffs ['hændkʌfs] - die Handschellen
15. hid [hɪd] - versteckte
16. high [haɪ] - hoch
17. howling ['haʊlɪŋ] - heulend
18. hundred ['hʌndrəd] - hundert
19. key [kiː] - der Schlüssel
20. limit ['lɪmɪt] - die Begrenzung
21. look around [ə'raʊnd] - sich umsehen
22. met [met] - getroffen, kennengelernt
23. microphone ['maɪkrəfəʊn] - das Mikrofon
24. officer ['ɔfɪsə], policeman [pə'liːsmən] - der Polizist
25. opened - öffnete
26. price [praɪs] - der Preis
27. pursuit [pə'sjuːt] - die Verfolgung
28. robbery ['rɔb(ə)rɪ] - der Diebstahl
29. rushed [rʌʃt] - raste
30. seat belts [siːt belts] - der Sicherheitsgurt
31. sergeant ['saːdʒənt] - der Polizeihauptmeister
32. showed [ʃəʊd] - zeigte
33. siren ['saɪərən] - die Sirene
34. speed [spiːd] - die Geschwindigkeit; to speed - rasen
35. speeder ['spiːdə] - der Raser
36. started ['staːtɪd] (to drive) - fuhr los
37. stepped [stept] - trat
38. thief [θiːf] - der Dieb
39. thieves [θiːvz] - die Diebe
40. tried [traɪd] - versuchte
41. twelve [twelv] - zwölf
42. understood [ˌʌndə'stʊd] - verstanden
43. waited ['weɪtɪd] - wartete
44. What is the matter ['mætə]? - Was ist los?

 B

The police patrol (part 1)

Robert and David arrived at the building of the newspaper "San Francisco News" at seventeen o'clock next day. The police car was waiting for them already. A policeman got out of the car.

"Hello. I am sergeant Frank Strict," he said when David and Robert came to the car.

"Hello. Glad to meet you. My name is Robert. We must accompany you," Robert answered.

"Hello. I am David. Were you waiting long for us?" David asked.

"No. I have just arrived here. Let us get into the car. We begin city patrolling now," the

Die Polizeistreife (Teil 1)

Am nächsten Tag kamen Robert und David um siebzehn Uhr zum Gebäude der Zeitung „San Francisco News". Das Polizeiauto wartete schon auf sie. Ein Polizist stieg aus dem Auto.

„Hallo. Ich bin Polizeihauptmeister Frank Strict", sagte er, als David und Robert zum Auto kamen.

"Hallo, schön, Sie kennenzulernen. Ich heiße Robert. Wir sollen Sie heute begleiten", antwortete Robert.

„Hallo, ich bin David. Haben Sie schon lange auf uns gewartet?", fragte David.

„Nein, ich bin gerade erst gekommen. Lasst uns einsteigen. Wir fangen jetzt mit der Streife in der Stadt

policeman said. They all got into the police car.

"Are you accompanying a police patrol for the first time?" sergeant Strict asked starting the engine.

"We have never accompanied a police patrol before," David answered.

At this moment the police radio began to talk: "Attention P11 and P07! A blue car is speeding along College street."

"P07 got it," sergeant Strict said in the microphone. Then he said to the boys: "The number of our car is P07." A big blue car rushed past them with very high speed. Frank Strict took the mic again and said: "P07 is speaking. I see the speeding blue car. Begin pursuit," then he said to the boys, "Fasten your seat belts." The police car started quickly. The sergeant stepped on the gas up to the stop and switched on the siren. They rushed with the howling siren past buildings, cars and buses. Frank Strict made the blue car stop. Sergeant got out of the car and went to the speeder. David and Robert went after him.

"I am police officer Frank Strict. Show your driving license, please," the policeman said to the speeder.

"Here is my driving license," the driver showed his driving license, "What is the matter he said angrily.

"You were driving through the city with a speed of one hundred and twenty kilometers an hour. The speed limit is fifty," the sergeant said.

"Ah, this. You see, I have just washed my car. So I was driving a little faster to dry it up," the man said with a sly smile.

"Does it cost much to wash the car?" the policeman asked.

"Not much. It cost twelve dollars," the speeder said.

"You do not know the prices," sergeant Strict said, "It really costs you two hundred and twelve dollars because you will pay two hundred dollars for drying the car. Here is the

an", sagte der Polizist. Sie stiegen alles ins Polizeiauto.

„Begleitet ihr zum ersten Mal eine Polizeistreife?", fragte Polizeihauptmeister Strict und machte den Motor an.

„Wir haben noch nie eine Polizeistreife begleitet", antwortete David.

In diesem Moment meldete sich der Polizeifunk: „Achtung P11 und P07! Ein blaues Auto fährt zu schnell auf der Universitätsstraße."

„P07 ist dran", sagte Polizeihauptmeister Strict ins Mikrofon. Dann sagte er zu den Jungs: „Die Nummer unseres Autos ist P07." Ein großes blaues Auto raste mit hoher Geschwindigkeit an ihnen vorbei. Frank Strict nahm das Mikrofon und sagte: „Hier spricht P07. Ich sehe das rasende Auto. Nehme die Verfolgung auf". Dann sagte er zu den Jungs: „Bitte anschnallen!" Das Polizeiauto fuhr schnell los. Der Polizeihauptmeister trat das Gaspedal voll durch und machte die Sirene an. Mit heulender Sirene rasten sie an Gebäuden, Autos und Bussen vorbei. Frank Strict brachte das blaue Auto zum Anhalten. Der Polizeihauptmeister stieg aus dem Auto aus und ging zu dem Raser. David und Robert gingen ihm nach.

„Ich bin Polizeibeamter Frank Strict. Zeigen Sie mir bitte Ihren Führerschein", sagte der Polizist zu dem Raser.

„Hier ist mein Führerschein." Der Fahrer zeigte seinen Führerschein. „Was ist los?", fragte er wütend.

„Sie sind mit hundertzwanzig km/h durch die Stadt gefahren. Die Geschwindigkeitsbegrenzung ist fünfzig", sagte der Polizeihauptmeister.

„Ach so, das. Wissen Sie, ich habe gerade mein Auto gewaschen. Ich bin ein bisschen schneller gefahren, damit es trocknet", sagte der Mann mit einem schlauen Grinsen.

„Ist es teuer, Ihr Auto zu waschen?", fragte der Polizist.

„Nein. Es kostet zwölf Dollar", sagte der Raser.

„Sie kennen die Preise nicht", sagte Polizeihauptmeister Strict. „In Wirklichkeit kostet es Sie zweihundertzwölf Dollar, denn Sie werden zweihundert Dollar fürs Trocknen zahlen. Hier ist der

ticket. Have a nice day," the policeman said. He gave a speeding ticket for two hundred dollars and the driving license to the speeder and went back to the police car.

"Frank, I think you have lots of experiences with speeders, haven't you?" David asked the policeman.

"I have met many of them," Frank said starting the engine, "At first they look like angry tigers or sly foxes. But after I speak with them, they look like afraid kittens or silly monkeys. Like that one in the blue car."

Meanwhile a little white car was slowly driving along a street not far from the city park. The car stopped near a shop. A man and a woman got out of the car and went up to the shop. It was closed. The man looked around. Then he quickly took out some keys and tried to open the door. At last he opened it and they went inside.

"Look! There are so many dresses here!" the woman said. She took out a big bag and began to put in everything there. When the bag was full, she took it to the car and came back.

"Take everything quickly! Oh! What a wonderful hat!" the man said. He took from the shop window a big black hat and put it on.

"Look at this red dress! I like it so much!" the woman said and quickly put on the red dress. She did not have more bags. So she took more things in her hands, ran outside and put them on the car. Then she ran inside to bring more things.

The police car P07 was slowly driving along the city park when the radio began to talk: "Attention all patrols. We have got a robbery alarm from a shop near the city park. The address of the shop is 72 Park street."

"P07 got it," Frank said in the mic, "I am very close to this place. Drive there." They found the shop very quickly and drove up to the white car. Then they got out of the car and hid behind it. The woman in new red dress ran out of the shop. She put some dresses on the police car and ran back in the shop. The woman did it

Strafzettel. Einen schönen Tag noch", sagte der Polizist. Er gab dem Raser einen Strafzettel für Geschwindigkeitsüberschreitung über zweihundert Dollar und seinen Führerschein und ging zurück zum Polizeiauto.

„Frank, du hast viel Erfahrung mit Rasern, nicht wahr?", fragte David den Polizisten.

„Ich habe schon viele kennengelernt", sagte Frank und machte den Motor an. *„Zu erst sehen sie wie wütende Tiger oder schlaue Füchse aus. Aber nachdem ich mit ihnen gesprochen habe, sehen sie wie ängstliche Kätzchen oder dumme Affen aus. Wie der im blauen Auto."*

In der Zwischenzeit fuhr ein kleines, weißes Auto nicht weit vom Stadtpark langsam die Straße entlang. Das Auto hielt in der Nähe eines Ladens. Ein Mann und eine Frau stiegen aus und gingen zu dem Laden. Er war geschlossen. Der Mann sah sich um. Dann holte er schnell einige Schlüssel hervor und versuchte, die Tür zu öffnen. Schließlich öffnete er sie, und sie gingen hinein.

„Sieh, so viele Kleider", sagte die Frau. Sie holte eine große Tasche hervor und begann, alles hineinzupacken. Als die Tasche voll war, brachte sie sie zum Auto und kam zurück.

„Nimm schnell alles! Oh! Was für ein schöner Hut!", sagte der Mann. Er nahm einen großen schwarzen Hut aus dem Schaufenster und zog ihn auf.

„Sieh dir dieses rote Kleid an! Das finde ich toll!", sagte die Frau und zog schnell das rote Kleid an. Sie hatte keine Taschen mehr. Deswegen nahm sie mehr Sachen in die Hände, rannte nach draußen und packte sie ins Auto. Dann rannte sie nach drinnen, um noch mehr Dinge zu holen.

Das Polizeiauto P07 fuhr gerade langsam den Stadtpark entlang, als sich der Funk meldete: *„Achtung, alle Einheiten. Wir haben einen Einbruchsalarm aus einem Laden in der Nähe des Stadtparks. Die Adresse des Ladens ist Parkstraße 72."*

„P07 ist dran", sagte Frank ins Mikro. *„Ich bin ganz in der Nähe. Fahre dorthin."* Sie hatten den Laden schnell gefunden und fuhren zu dem weißen Auto. Dann stiegen sie aus dem Auto aus und versteckten sich dahinter. Die Frau im roten Kleid kam aus dem Laden gerannt. Sie legte einige Kleider auf das Polizeiauto

very quickly. She did not see that it was a police car!

"Damn it! I forgot my gun in the police station!" Frank said. Robert and David looked at the sergeant Strict and then surprised at each other. The policeman was so confused that David and Robert understood they must help him. The woman ran out of the shop again, put some dresses on the police car and ran back. Then David said to Frank: "We can pretend that we have guns."

"Let's do it," Frank answered, "But you do not get up. The thieves may have guns," he said and then cried, "This is the police speaking! Everybody who is inside the shop put your hands up and come slowly one by one out of the shop!"

They waited for a minute. Nobody came out. Then Robert had an idea.

"If you will not come out now, we will set the police dog on you!" he cried and then barked like a big angry dog. The thieves ran out with hands up immediately. Frank quickly put handcuffs on them and got them to the police car. Then he said to Robert: "It was a great idea pretending that we have a dog! You see, I have forgotten my gun two times already. If they learn that I have forgotten it for the third time, they may fire me or make me do office work. You will not tell anybody about it, will you?"

"Sure, not!" Robert said.

"Never," David said.

"Thank you very much for helping me, guys!" Frank shook their hands strongly.

und rannte zurück in den Laden. Die Frau tat das sehr schnell. Sie sah nicht, dass es ein Polizeiauto war.

„Verdammt! Ich habe meine Waffe auf der Polizeiwache vergessen!", sagte Frank. Robert und David sahen Polizeihauptmeister Strict und dann einander überrascht an. Der Polizist war so verwirrt, dass David und Robert verstanden, dass er Hilfe brauchte. Die Frau rannte wieder aus dem Laden, legte Kleider auf das Polizeiauto und rannte zurück. Dann sagte David zu Frank: „Wir können so tun, als ob wir Waffen haben."

„Lasst uns das machen", antwortete Frank. „Aber ihr steht nicht auf. Die Diebe haben vielleicht Waffen", sagte er und rief dann: „Hier spricht die Polizei! Alle, die im Laden sind, heben ihre Hände und kommen langsam einer nach dem anderen aus raus!"

Sie warteten eine Minute. Niemand kam. Dann hatte Robert eine Idee.

"Wenn ihr nicht rauskommt, hetzen wir den Polizeihund auf euch!", rief er und bellte wie ein großer, wütender Hund. Die Diebe kamen sofort mit erhobenen Händen herausgerannt. Frank legte ihnen schnell Handschellen an und brachte sie ins Polizeiauto. Dann sagte er zu Robert: „Das war eine gute Idee, so zu tun, als ob wir einen Hund hätten. Weißt du, ich habe meine Waffe schon zweimal vergessen. Wenn sie herausfinden, dass ich sie zum dritten Mal vergessen habe, feuern sie mich vielleicht oder lassen mich Büroarbeit machen. Ihr erzählt es doch niemandem, oder?"

„Natürlich nicht!", sagte Robert.

„Nie", sagte David.

„Vielen Dank für eure Hilfe, Jungs!" Frank schüttelte ihnen kräftig die Hand.

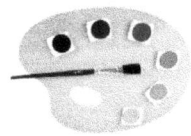

28

The police patrol (part 2)
Die Polizeistreife (Teil 2)

A

Words

1. answered - geantwortet
2. button ['bʌtn] - der Knopf
3. cash [kæʃ] - das Bargeld
4. cash register [kæʃ 'redʒɪstə] - die Kasse; cashier [kæ'ʃɪə], teller - der Kassierer
5. clever ['klevə] - schlau
6. either ['aɪðə], too, also - auch
7. excuse [ɪks'kjuːs] - sich entschuldigen
8. Excuse me. - Entschuldigen Sie.
9. glass [glɑːs] - das Glas
10. gone [gɔn] - weg
11. men [men] - die Männer
12. mine [maɪn] - mein
13. mobile ['məʊbaɪl] - das Handy
14. opened - geöffnet
15. phone [fəʊn] - das Telefon
16. to phone - anrufen
17. pocket ['pɔkɪt] - die Tasche
18. press [pres] - drücken
19. protect [prə'tekt] - beschützen

20. rang [ræŋ] - klingelte
21. ricochet ['rɪkəʃeɪ] - abprallen
22. robber ['rɔbə] - der Dieb
23. robbery ['rɔb(ə)rɪ] - der Überfall
24. safe [seɪf] - der Tresor
25. saw [sɔː] - sahen
26. secretly ['siːkrətlɪ] - heimlich
27. seldom ['seldəm] - selten
28. shopping center - das Einkaufszentrum
29. shot [ʃɔt] - schoss; angeschossen
30. somebody ['sʌmbədɪ] - jemand

31. stolen ['stəʊlən] - gestohlen
32. taken ['teɪkən] - gebracht
33. turned [təːnd] - drehte
34. unconscious [ʌn'kɔnʃəs] - bewusstlos
35. usual ['juːʒ(ə)l] - gewöhnlich
36. whose [huːz] - wessen
37. yesterday ['jestədeɪ] - gestern
38. yet [jet] - noch
39. yours sincerely [jɔːz sɪn'sɪəlɪ] - hochachtungsvoll

 B

The police patrol (part 2)

Next day Robert and David were accompanying Frank again. They were standing near a big shopping centre when a woman came to them.

"Can you help me please?" she asked.

"Sure, madam. What has happened?" Frank asked.

"My mobile phone is gone. I think it has been stolen."

"Has it been used today?" the policeman asked.

"It had been used by me before I went out of the shopping centre," she answered.

"Let's get inside," Frank said. They went into the shopping centre and looked around. There were many people there.

"Let's try an old trick," Frank said taking out his own phone, "What is your telephone number?" he asked the woman. She said and he called her telephone number. A mobile telephone rang not far from them. They went to the place where it was ringing. There was a queue there. A man in the queue looked at the policeman and then

Die Polizeistreife (Teil 2)

Am nächsten Tag begleiteten Robert und David Frank wieder. Sie standen neben einem großen Einkaufszentrum, als eine Frau zu ihnen kam.

„Können Sie mir bitte helfen?", fragte sie.

„Natürlich. Was ist passiert?", fragte Frank.

"Mein Handy ist weg. Ich glaube, es wurde gestohlen."

"Haben Sie es heute schon benutzt?", fragte der Polizist.

„Ich habe es benutzt, bevor ich das Einkaufszentrum verlassen habe", antwortete die Frau.

„Lasst uns reingehen", sagte Frank. Sie gingen ins Einkaufszentrum und sahen sich um. Viele Leute waren da.

„Lasst uns einen alten Trick versuchen", sagte Frank und holte sein eigenes Handy hervor. „Wie ist Ihre Nummer?", fragte er die Frau. Sie sagte sie ihm, und er wählte. Nicht weit von ihnen klingelte ein Handy. Sie gingen zu der Stelle, an der es klingelte. Dort war eine Schlange. Ein Mann in der Schlange sah den Polizisten an und schaute dann schnell weg. Der

quickly turned his head away. The policeman came closer listening carefully. The telephone was ringing in the man's pocket.

"Excuse me," Frank said. The man looked at him.

"Excuse me, your telephone is ringing," Frank said.

"Where?" the man said.

"Here, in your pocket," Frank said.

"No, it is not," the man said.

"Yes, it is," Frank said

"It is not mine," the man said.

"Then whose telephone is ringing in your pocket?" Frank asked.

"I do not know," the man answered.

"Let me see, please," Frank said and took the telephone out of the man's pocket.

"Oh, it is mine!" the woman cried.

"Take your telephone, madam," Frank said giving it to her.

"May I, sir?" Frank asked and put his hand in the man's pocket again. He took out another telephone, and then one more.

"Are they not yours either?" Frank asked the man.

The man shook his head looking away.

"What strange telephones!" Frank cried, "They ran away from their owners and jump into the pockets of this man! And now they are ringing in his pockets, aren't they?"

"Yes, they are," the man said.

"You know, my job is to protect people. And I will protect you from them. Get in my car and I will bring you to the place where no telephone can jump in your pocket. We go to the police station," the policeman said. Then he took the man by the arm and took him to the police car.

"I like silly criminals," Frank Strict smiled after they had taken the thief to the police station.

Polizist ging näher hin und horchte aufmerksam. Das Handy klingelte in der Tasche des Mannes.

„Entschuldigen Sie", sagte Frank. Der Mann sah ihn an.

„Entschuldigen Sie, Ihr Handy klingelt", sagte Frank.

„Wo?", sagte der Mann.

„Hier, in ihrer Tasche", sagte Frank.

„Nein, es klingelt nicht", sagte der Mann.

„Doch, es klingelt", sagte Frank.

„Das ist nicht meins", sagte der Mann.

„Wessen Telefon klingelt dann in Ihrer Tasche?", fragte Frank.

„Ich weiß es nicht", antwortete der Mann.

„Zeigen Sie es mir bitte", sagte Frank und holte das Handy aus der Tasche des Mannes.

„Oh, das ist meins!", rief die Frau.

„Hier, nehmen Sie Ihr Telefon", sagte Frank und gab es ihr.

„Darf ich?", fragte Frank und steckte seine Hand wieder in die Tasche des Mannes. Er holte ein anderes Handy hervor und dann noch eins.

„Gehören die auch nicht Ihnen?", fragte Frank den Mann.

Der Mann schüttelte den Kopf und sah weg.

„Was für seltsame Handys!", rief Frank. „Sie sind ihren Besitzern davongelaufen und in die Tasche dieses Mannes gesprungen! Und jetzt klingeln sie in seiner Tasche, oder nicht?"

„Ja, das tun sie", sagte der Mann.

„Wie Sie wissen, ist es mein Job, Menschen zu beschützen. Und ich werde Sie vor ihnen beschützen. Steigen Sie in mein Auto, und ich bringe Sie an einen Ort, wo kein Telefon in Ihre Tasche springen kann. Wir fahren aufs Revier", sagte der Polizist. Dann nahm er den Mann am Arm und brachte ihn zum Auto.

„Ich mag dumme Verbrecher", sagte Frank Strict grinsend, nachdem sie den Dieb aufs Revier gebracht

"Have you met smart ones?" David asked.

"Yes, I have. But very seldom," the policeman answered, "Because it is very hard to catch a smart criminal."

Meanwhile two men came into the Express Bank. One of them took a place in a queue. Another one came up to the cash register and gave a paper to the cashier. The cashier took the paper and read:

"Dear Sir,

this is a robbery of the Express Bank. Give me all the cash. If you do not, then I will use my gun. Thank you.

Sincerely yours,

Bob"

"I think I can help you," the cashier said pressing secretly the alarm button, "But the money had been locked by me in the safe yesterday. The safe has not been opened yet. I will ask somebody to open the safe and bring the money. Okay?"

"Okay! But do it quickly!" the robber answered.

"Shall I make you a cup of coffee while the money is being put in bags?" the cashier asked.

"No, thank you. Just money," the robber answered.

The radio in the police car P07 began to talk: "Attention all the patrols. We have got a robbery alarm from the Express Bank."

"P07 got it," sergeant Strict answered. He stepped on the gas up to the stop and the car started quickly. When they drove up to the bank, there was no other police car yet.

"We will make an interesting report if we go inside," David said.

"You guys do what you need. And I will come inside through the back door," sergeant Strict said. He took out his gun and went quickly to the back door of the bank. David and Robert came into the bank through the central door. They saw a man standing near the cash register. He

hatten.

„Hast du schon schlaue getroffen?", fragte David.

„Ja, das habe ich. Aber es passiert selten"; antwortete der Polizist. „Denn es ist sehr schwer, einen schlauen Verbrecher zu fangen."

In der Zwischenzeit betraten zwei Männer die Express Bank. Einer von ihnen stellte sich in der Schlange an. Ein anderer ging zur Kasse und gab dem Kassierer einen Zettel. Der Kassierer nahm den Zettel und las.

„Sehr geehrter Herr,

das ist ein Überfall auf die Express Bank. Geben Sie mir alles Geld. Wenn Sie es nicht tun, werde ich meine Waffe benutzen. Danke.

Hochachtungsvoll,

Bob"

„Ich denke, ich kann Ihnen helfen", sagte der Kassierer, während er heimlich den Alarmknopf drückte. „Aber das Geld wurde gestern von mir im Tresor eingeschlossen. Der Tresor wurde noch nicht geöffnet. Ich werde jemanden bitten, den Tresor zu öffnen und das Geld zu bringen. Okay?"

„Okay. Aber schnell!", antwortete der Dieb.

„Hätten Sie gerne eine Tasse Kaffee, während das Geld in Taschen gepackt wird?", fragte der Kassierer.

„Nein, danke. Nur Geld", antwortete der Dieb.

Der Funk im Polizeiauto P07 meldete sich: „Achtung, alle Einheiten. Überfallalarm in der Express Bank."

„P07 ist dran", antwortete Polizeihauptmeister Strict. Er trat aufs Gas, und das Auto fuhr schnell los. Als sie an der Bank ankamen, war noch kein anderes Polizeiauto da.

„Das wird ein interessanter Bericht, wenn wir reingehen", sagte David.

„Ihr Jungs macht, was ihr braucht. Ich gehe durch die Hintertür rein", sagte Polizeihauptmeister Strict. Er holte seine Waffe raus und ging schnell zur Hintertür der Bank. David und Robert betraten die Bank durch die Eingangstür. Sie sahen einen Mann in der Nähe der Kasse stehen. Er hatte eine Hand in seiner Tasche und sah sich um. Der Mann, der mit ihm gekommen

put one hand in his pocket and looked around. The man, who came with him, stepped away from the queue and came up to him.

"Where is the money?" he asked Bob.

"Roger, the cashier has said that it is being put in bags," another robber answered.

"I am tired of waiting!" Roger said. He took out a gun and pointed it to the cashier, "Bring all the money now!" the robber cried at the cashier. Then he went to the middle of the room and cried: "Listen all! This is a robbery! Nobody move!" At this moment somebody near the cash register moved. The robber with the gun without looking shot at him. Another robber fell on the floor and cried: "Roger! You idiot! Damn it! You have shot me!"

"Oh, Bobby! I did not see that it was you!" Roger said. At this moment the cashier quickly ran out.

"The cashier has run away and the money has not been taken here yet!" Roger cried to Bob, "The police may arrive soon! What shall we do?"

"Take something big, break the glass and take the money. Quickly!" Bob cried. Roger took a metal chair and hit the glass of the cash register. It was of course not usual glass and it did not break. But the chair went back by ricochet and hit the robber on the head! He fell on the floor unconsciously. At this moment sergeant Strict ran inside and quickly put handcuffs on the robbers. He turned to David and Robert.

"I did say! Most criminals are just silly!" he said.

war, ging aus der Schlange zu ihm.

„Wo ist das Geld?", fragte er Bob.

„Roger, der Kassierer hat gesagt, dass es in Taschen gepackt wird", antwortete der andere Dieb.

„Ich habe es satt, zu warten", sagte Roger. Er holte seine Waffe hervor und richtete sie auf den Kassierer. „Bringen Sie jetzt alles Geld!", schrie er. Dann ging er in die Mitte des Raums und rief: „Alle herhören! Das ist ein Überfall! Niemand bewegt sich!" In diesem Moment bewegte sich jemand in der Nähe der Kasse. Der Dieb mit der Waffe schoss auf ihn, ohne hinzuschauen. Der andere Dieb fiel auf den Boden und rief: „Roger! Du Vollidiot! Verdammt! Du hast mich angeschossen!"

„Oh, Bobby! Ich habe nicht gesehen, dass du das bist!", sagte Roger. In diesem Moment rannte der Kassierer schnell nach draußen.

„Der Kassierer ist weggerannt, und das Geld ist noch nicht hierher gebracht worden!", rief Roger Bob zu. „Die Polizei kann jeden Moment kommen! Was sollen wir machen?"

„Nimm etwas Großes, zerschlag das Glas und nimm das Geld! Schnell!", rief Bob. Roger nahm einen metallenen Stuhl und schlug auf das Glas der Kasse. Natürlich war es kein gewöhnliches Glas und zerbrach nicht. Doch der Stuhl prallte zurück und traf den Dieb am Kopf! Er fiel bewusstlos zu Boden. In diesem Moment kam Polizeihauptmeister Strict hereingerannt und legte den Dieben schnell Handschellen an. Er drehte sich zu David und Robert um.

„Hab ich es doch gesagt! Die meisten Verbrecher sind einfach nur dumm!", sagte er.

29

School for Foreign Students (SFS) and au pair
Schule für Austauschschüler (SAS) und Au-pair

A

Words

1. agreement [əˈgriːmənt] - die Vereinbarung
2. also [ˈɔːlsəʊ] - auch
3. called [kɔːld] - riefen an
4. change [tʃeɪndʒ] - die Änderung; to change - ändern
5. choose [tʃuːz] - auswählen, entscheiden für
6. chose [ʃəʊz] - entschied sich für
7. competition [ˌkɔmpəˈtɪʃ(ə)n] - die Ausschreibung, der Wettbewerb
8. country [ˈkʌntrɪ] - das Land
9. course [kɔːs] - der Kurs
10. date [deɪt] - das Datum
11. daughter [ˈdɔːtə] - die Tochter
12. elder [ˈeldə] - älter

13. e-mail ['iːmeɪl] - die E-Mail
14. hope [həʊp] - die Hoffnung; to hope - hoffen
15. host [həʊst] - der Gastgeber
16. the host family - die Gastfamilie
17. Internet site - die Website
18. join [dʒɔɪn] - kommen in
19. learning ['ləːnɪŋ] - lernen
20. letter ['letə] - der Brief
21. lived [lɪvd] - lebte
22. nearest ['nɪərɪst] - nächste
23. North America and Eurasia [nɔːθ əˈmerɪkə ənd jʊəˈreɪʒə] - Nordamerika und Eurasien
24. once [wʌns] - einmal
25. participant [paːˈtɪsɪpənt] - der Teilnehmer
26. passed [pɑːst] - abgelaufen
27. pay [peɪ] - bezahlen, zahlen
28. paid [peɪd] - bezahlte, gezahlt
29. person ['pəːs(ə)n] - die Person
30. possibility [ˌpɔsəˈbɪlətɪ] - die Möglichkeit
31. problem ['prɔbləm] - das Problem
32. sent [sent] - schickte
33. servant ['səːv(ə)nt] - der Bedienstete
34. since [sɪn(t)s] *(temporal)* - seit
35. as, since [æz | sɪn(t)s] *(kausal)* - da, weil
36. standard ['stændəd] - der Standard, Standard-
37. the United States/the USA - die Vereinigten Staaten, die USA
38. twice [twaɪs] - zweimal
39. unfair [ʌnˈfeə] - ungerecht
40. village ['vɪlɪdʒ] - das Dorf
41. visited ['vɪzɪtɪd] - besuchte
42. wrote [rəʊt] - schrieb

B

School for Foreigner Students (SFS) and au pair

Robert's sister, brother and parents lived in Germany. They lived in Hannover. The sister's name was Gabi. She was twenty years old. She had learned English since she was eleven years old. When Gabi was fifteen years old, she wanted to take part in the program SFS. SFS gives the possibility for some high school students from Eurasia to spend a year in the USA, living with a host family and studying in an American school. The program is free. Airplane tickets, living with a family, food, studying at American school are paid by SFS. But by the time when she got the information about the competition date from the Internet site, the

Schule für Austauschschüler (SAS) und Au-pair

Roberts Schwester, Bruder und Eltern lebten in Deutschland. Sie wohnten in Hannover. Seine Schwester hieß Gabi. Sie war zwanzig Jahre alt. Sie lernte Englisch, seit sie elf war. Als Gabi fünfzehn war, wollte sie an dem Programm SAS teilnehmen. SAS gibt Highschool-Schülern aus Eurasien die Möglichkeit, ein Jahr in den USA zu verbringen, in einer Gastfamilie zu leben und eine amerikanische Schule zu besuchen. Das Programm ist kostenlos. Das Flugticket, die Unterkunft in der Familie, Essen und das Besuchen der amerikanische Schule werden von SAS gezahlt. Aber als sie sich auf der Website über die Ausschreibung informierte, war die Frist schon abgelaufen.

competition day had passed.

Then she learned about the program de au pair. This program gives its participants the possibility to spend a year or two in another country living with a host family, looking after children and learning at a language course. Since Robert was studying in San Francisco, Gabi wrote him an e-mail. She asked him to find a host family for her in the USA. Robert looked through some newspapers and Internet sites with adverts. He found some host families from the USA on http://www.aupair-world.net/. Then Robert visited an au pair agency in San Francisco. He was consulted by a woman. Her name was Alice Sunflower.

"My sister is from Germany. She would like to be an au pair with an American family. Can you help on this matter?" Robert asked Alice.

"I will be glad to help you. We place au pairs with families all over the USA. An au pair is a person who joins a host family to help around the house and look after children. The host family gives the au pair food, a room and pocket money. Pocket money may be from 200 to 600 dollars. The host family must pay for a language course for the au pair as well," Alice said.

"Are there good and bad families?" Robert asked.

"There are two problems about choosing a family. First some families think that an au pair is a servant who must do everything in the house including cooking for all family members, cleaning, washing, working in the garden etc. But an au pair is not a servant. An au pair is like an elder daughter or son of the family who helps parents with younger children. To protect their rights au pairs must work out an agreement with the host family. Do not believe it when some au pair agencies or host families say that they use a "standard" agreement. There is no standard agreement. The au pair can

Dann erfuhr sie von dem Au-pair-Programm. Dieses Programm ermöglicht es den Teilnehmern, ein oder zwei Jahre in einem anderen Land zu verbringen, bei einer Gastfamilie zu leben, sich um die Kinder zu kümmern und eine Sprachschule zu besuchen. Da Robert gerade in San Francisco studierte, schrieb Gabi ihm eine E-Mail. Sie bat ihn darum, eine Gastfamilie für sie in den USA zu finden. Robert sah Zeitungen und Websites mit Anzeigen durch. Er fand amerikanische Gastfamilien auf http://www.aupair-world.net/. Dann ging Robert zu einer Au-pair-Vermittlung in San Francisco. Er wurde von einer Frau beraten. Sie hieß Alice Sunflower.

„Meine Schwester ist aus Deutschland. Sie würde gerne als Au-pair bei einer amerikanischen Familie arbeiten. Können Sie mir helfen?", fragte Robert Alice.

„Natürlich, sehr gerne. Wir vermitteln Au-pairs an Familien überall in der USA. Ein Au-pair kommt in eine Gastfamilie, um im Haus zu helfen und sich um die Kinder zu kümmern. Die Gastfamilie gibt dem Au-pair Essen, ein Zimmer und Taschengeld. Das Taschengeld liegt zwischen zweihundert und sechshundert Dollar. Die Gastfamilie muss auch einen Sprachkurs für das Au-pair bezahlen", sagte Alice.

„Gibt es gute und schlechte Familien?", fragte Robert.

„Es gibt zwei Probleme bei der Wahl einer Familie. Zum einen denken manche Familien, dass ein Au-pair ein Bediensteter sei, der alles im Haus machen muss, einschließlich für die ganze Familie kochen, putzen, waschen, Gartenarbeit usw. Aber ein Au-pair ist kein Bediensteter. Ein Au-pair ist wie eine ältere Tochter oder ein älterer Sohn der Familie, der den Eltern mit den jüngeren Kindern hilft. Um ihre Rechte zu schützen, müssen die Au-pairs eine Vereinbarung mit der Gastfamilie ausarbeiten. Glaub bloß nicht, wenn Au-pair-Vermittlungen oder Gastfamilien sagen, dass sie eine Standardvereinbarung verwenden. Es gibt keine Standardvereinbarung. Das Au-pair kann jeden

change any part of the agreement if it is unfair. Everything that an au pair and host family will do must be written in an agreement.

The second problem is this: Some families live in small villages where there are no language courses and few places where an au pair can go in free time. In this situation it is necessary to include in the agreement that the host family must pay for two way tickets to the nearest big town when the au pair goes there. It may be once or twice a week."

"I see. My sister would like a family from San Francisco. Can you find a good family in this city?" Robert asked.

"Well, there are about twenty families from San Francisco now," Alice answered. She telephoned some of them. The host families were glad to have an au pair from Germany. Most of the families wanted to get a letter with a photograph from Gabi. Some of them also wanted to telephone her to be sure that she can speak English a little. So Robert gave them her telephone number.

Some host families called Gabi. Then she sent them letters. At last she chose a suitable family and with the help of Alice worked out an agreement with them. The family paid for the ticket from Germany to the USA. At last Gabi started for the USA full of hopes and dreams.

Teil der Vereinbarung ändern, wenn sie ungerecht ist. Alles, was ein Au-pair und die Gastfamilie machen, muss schriftlich in der Vereinbarung festgehalten werden.

Das zweite Problem ist: Manche Familien leben in kleinen Dörfern, in denen es keine Sprachkurse und wenige Orte gibt, wo das Au-pair in seiner Freizeit hingehen kann. In diesem Fall muss die Vereinbarung enthalten, dass die Gastfamilie für Hin- und Rückfahrkarten in die nächste größere Stadt zahlen muss, wenn das Au-pair dorthin fährt. Das kann ein- oder zweimal die Woche sein."

„Alles klar. Meine Schwester hätte gerne eine Familie aus San Francisco. Können Sie eine gute Familie in dieser Stadt finden?", fragte Robert.

„Na ja, im Moment haben wir etwa zwanzig Familien aus San Francisco", antwortete Alice. Sie rief ein paar von ihnen an. Die Gastfamilien waren froh, ein Au-pair-Mädchen aus Deutschland zu bekommen. Die meisten Familien wollten einen Brief mit einem Foto von Gabi. Manche wollten sie auch anrufen, um sicherzugehen, dass sie ein bisschen Englisch sprach. Also gab Robert ihnen ihre Telefonnummer.

Ein paar Gastfamilien riefen Gabi an. Dann schickte sie ihnen Briefe. Schließlich entschied sie sich für eine passende Familie und arbeitete mit Alices Hilfe eine Vereinbarung mit ihnen aus. Die Familie bezahlte das Ticket von Deutschland in die USA. Schließlich fuhr Gabi voller Hoffnungen und Träume in die USA.

* * *

Wörterbuch Englisch-Deutsch

about [əˈbaʊt] - etwa
accident [ˈæksɪdənt] - der Unfall
accompanied [əˈkʌmpənid] - begleitet
accompany [əˈkʌmpəni] - begleiten
across [əˈkrɔs] - über
ad [æd] - das Inserat
address [əˈdres] - die Adresse
adventure [ədˈventʃə] - das Abenteuer
advert [ˈædvɜːt] - die Anzeige, die Werbung
afraid [əˈfreɪd] - ängstlich
after [ˈɑːftə] - nach
again [əˈgen] - wieder
against [əˈgenst] - gegen
age [eɪdʒ] - das Alter
agency [ˈeɪdʒənsi] - die Agentur
ago [əˈgəʊ] - vor
agree [əˈgriː] - einverstanden sein
agreement [əˈgriːmənt] - die Vereinbarung
air [eə] - die Luft
airplane [ˈeəpleɪn] - das Flugzeug
airshow [ˈeəʃəʊ] - die Flugschau
alarm [əˈlɑːm] - der Alarm
alien [ˈeɪliən] - der Außerirdische
all [ɔːl] - alle
all-round [ˈɔːl raʊnd] - vielseitig, alles könnend
along [əˈlɔŋ] - entlang
aloud [əˈlaʊd] - laut
already [ɔːlˈredi] - schon
also [ˈɔːlsəʊ] - auch
although [ɔːlˈðəʊ] - obwohl, trotzdem

always [ˈɔːlweɪz] - immer
American [əˈmerɪkən] - Amerikaner
and [ænd] - und
angrily [ˈæŋgrəli] - wütend
angry [ˈæŋgri] - wütend
animal [ˈænɪml] - das Tier
another [əˈnʌðə] - anderer
answer [ˈɑːnsə] - die Antwort
answer [ˈɑːnsə] - antworten, erwidern
answered [ˈɑːnsəd] - geantwortet
answering machine [ˈɑːnsərɪŋ məʃiːn] - der Anrufbeantworter
any [ˈeni] - irgendwelche
anything [ˈeniθɪŋ] - etwas, nichts
apply [əˈplaɪ] - sich bewerben
arm [ɑːm] - der Arm
arrive [əˈraɪv] - ankommen
arrived [əˈraɪvd] - angekommen
art [ɑːt] - die Kunst
artist [ˈɑːtɪst] - der Künstler
as [æz] - da, wie
as well [əz wel] - auch
ask [ɑːsk] - bitten, fragen
asked [ˈɑːskt] - gefragt
aspirin [ˈæsprɪn] - das Aspirin
asterisk [ˈæstərɪsk] - das Sternchen
at [æt] - am, beim
at first [ət ˈfɜːst] - erst
at last [ət lɑːst] - schließlich
at least [ət liːst] - wenigstens
at one o'clock [ət wʌn əˈklɔk] - um eins

attention [əˈtenʃn] - die Aufmerksamkeit
audience [ˈɔːdiəns] - das Publikum
away [əˈweɪ] - weg
back [ˈbæk] - zurück
bad [bæd] - schlecht
bag [bæg] - die Tasche
bank [bæŋk] - die Bank
barked [bɑːkt] - bellte
Bathroom [ˈbɑːθruːm] - das Bad, das Badezimmer
bath [bɑːθ] - die Badewanne
bathroom table [ˈbɑːθruːm ˈteɪbl] - der Badezimmertisch
be [bi] - sein
be ashamed; [bi əˈʃeɪmd] - sich schämen
he is ashamed [hi z əˈʃeɪmd] - er schämt sich
be sorry [bi ˈsɔri] - leid tun
beautiful [ˈbjuːtəfl] - wunderschön
because [bɪˈkɔz] - weil
bed [bed] - das Bett
beds [ˈbedz] - die Betten
beep [biːp] - der Piepton
before [bɪˈfɔː] - vor
began [bɪˈgæn] - begann
begin [bɪˈgɪn] - anfangen
behind [bɪˈhaɪnd] - hinter
believe [bɪˈliːv] - glauben
better [ˈbetə] - besser
between [bɪˈtwiːn] - zwischen
big/bigger/the biggest [bɪg ˈbɪgə ðə ˈbɪgɪst] - groß/größer/am größten
bike [baɪk] - das Fahrrad
billion [ˈbɪliən] - die Billionen
bird [bɜːd] - der Vogel

bite [baɪt] - beißen
black [blæk] - schwarz
blank, empty [blæŋk | ˈempti] - leer
blue [bluː] - blau
book [bʊk] - das Buch
bookcase [ˈbʊk keɪs] - das Bücherregal
bother [ˈbɔðə] - ärgern
box [bɔks] - die Kiste
boy [ˌbɔɪ] - der Junge
boyfriend [ˈbɔɪfrend] - der Freund
brake [breɪk] - die Bremse
brake [breɪk] - bremsen
bread [bred] - das Brot
break, pause [breɪk | pɔːz] - die Pause
breakfast [ˈbrekfəst] - das Frühstück
bridge [brɪdʒ] - die Brücke
bring [brɪŋ] - bringen
brother [ˈbrʌðə] - der Bruder
bus [bʌs] - der Bus
but [bʌt] - aber
butter [ˈbʌtə] - die Butter
button [ˈbʌtn] - der Knopf
buy [baɪ] - kaufen
by the way [baɪ ðə ˈweɪ] - übrigens
bye [baɪ] - tschüss
cable [ˈkeɪbl] - das Kabel
café [ˈkæfeɪ] - das Café
call on the phone [kɔːl ɔn ðə fəʊn] - anrufen
call [kɔːl] - rufen
call centre [kɔːl ˈsentə] - das Callcenter
called [kɔːld] - riefen an
came [keɪm] - kam, gekommen

can [kæn] - können

Canada ['kænədə] - Kanada

Canadian [kə'neɪdɪən] - Kanadier

captain ['kæptɪn] - der Kapitän

car [kɑ:] - das Auto

care [keə] - sich kümmern um

careful ['keəfʊl] - sorgfältig

carefully ['keəfəli] - vorsichtig

cash [kæʃ] - das Bargeld

cash register [kæʃ 'redʒɪstə] - die Kasse

cashier, teller [kæ'ʃɪə | 'telə] - der Kassierer

cat [kæt] - die Katze

catch [kætʃ] - fangen

CD [ˌsiː'diː] - die CD

CD player [ˌsiː'diː 'pleɪə] - der CD-Spieler

central ['sentrəl] - Haupt-, zentral

centre ['sentə] - das Zentrum

city centre ['sɪti 'sentə] - das Stadtzentrum

ceremony ['serɪməni] - die Feier

chair [tʃeə] - der Stuhl

chance [tʃɑ:ns] - die Chance

change [tʃeɪndʒ] - ändern

change [tʃeɪndʒ] - die Änderung

check [tʃek] - kontrollieren

chemicals ['kemɪklz] - die Chemikalien

chemistry ['kemɪstri] - die Chemie

child [tʃaɪld] - das Kind

children ['tʃɪldrən] - die Kinder

choose [tʃu:z] - auswählen, entscheiden für

chose [tʃəʊz] - entschied sich für

city ['sɪti] - die Stadt

class [klɑ:s] - die Klasse

classroom ['klæsru:m] - das Klassenzimmer

clean [kli:n] - sauber (machen)

clean [kli:n] - sauber machen, putzen

cleaned [kli:nd] - gesäubert

clever ['klevə] - schlau

close [kləʊz] - schließen; nah

closed [kləʊzd] - geschlossen

closer ['kləʊsə] - näher

clothes [kləʊðz] - die Kleidung

club [klʌb] - der Verein

coffee ['kɒfi] - der Kaffee

cold [kəʊld] - kalt

coldness ['kəʊldnəs] - die Kälte

colleague ['kɒli:g] - der Kollege

college ['kɒlɪdʒ] - die Universität, die Uni

come, go [kʌm | gəʊ] - kommen

company ['kʌmpəni] - die Firma

competition [ˌkɒmpə'tɪʃn] - die Ausschreibung, der Wettbewerb

compose [kəm'pəʊz] - entwerfen, verfassen

composition [ˌkɒmpə'zɪʃn] - der Entwurf, der Text

computer [kəm'pju:tə] - der Computer

confused [kən'fju:zd] - verwirrt

constant ['kɒnstənt] - beständig

consult [kən'sʌlt] - beraten

consultancy [kən'sʌltənsi] - die Beratung

consultant [kən'sʌltənt] - der Berater

continue [kən'tɪnju:] - fortführen

continued to watch [kən'tɪnju:d tə wɒtʃ] - weiterschauen

control [kən'trəʊl] - die Kontrolle

Cooker ['kʊkə] - der Koch/die Köchin

cooking ['kʊkɪŋ] - kochend

co-ordination [kəʊˌɔːdɪˈneɪʃən] - die Koordination

correct, correctly [kəˈrekt | kəˈrektli] - richtig

correct [kəˈrekt] - korrigieren

cost [kɔst] - kosten

could [kʊd] - könnte, kann

country [ˈkʌntri] - das Land

course [kɔːs] - der Kurs

creative [kriːˈeɪtɪv] - kreativ

cried [kraɪd] - gerufen

criminal [ˈkrɪmɪnl] - der Verbrecher

cry [kraɪ] - weinen, schreien, rufen

crystal [ˈkrɪstl] - das Kristall

cup [kʌp] - die Tasse

current [ˈkʌrənt] - der Strom

customer [ˈkʌstəmə] - der Kunde

dad [dæd] - der Vater

daddy [ˈdædi] - Papa

damn [dæm] - verdammt

dance [dɑːns] - tanzen

danced [dɑːnst] - getanzt

dancing [ˈdɑːnsɪŋ] - tanzend

dark [dɑːk] - dunkel

date [deɪt] - das Datum

daughter [ˈdɔːtə] - die Tochter

day [deɪ] - der Tag

daily [ˈdeɪli] - täglich, jeden Tag

deadly [ˈdedli] - tödlich

dear [dɪə] - liebe

design [dɪˈzaɪn] - das Design

desk [desk] - der Schreibtisch

destroy [dɪˈstrɔɪ] - zerstören

develop [dɪˈveləp] - entwickeln

did [dɪd] - tat

die [daɪ] - sterben

died [daɪd] - starb

different [ˈdɪfrənt] - verschieden

difficult [ˈdɪfɪkəlt] - schwer

dirty [ˈdɜːti] - dreckig

do [duː] - machen

doctor [ˈdɔktə] - der Arzt

dog [dɔg] - der Hund

doll [dɔl] - die Puppe

door [dɔː] - die Tür

dorms [ˈdɔːmz] - das Studentenwohnheim

down [daʊn] - nach unten

dream [driːm] - der Traum

dream [driːm] - träumen

drink [drɪŋk] - trinken

drive [draɪv] - fahren

driver [ˈdraɪvə] - der Fahrer

driving license [ˈdraɪvɪŋ ˈlaɪsns] - der Führerschein

drove [drəʊv] - fuhr

dry [draɪ] - trocknen; trocken

DVD [ˌdiviˈdiː] - die DVD

ear [ɪə] - das Ohr

earn [ɜːn] - verdienen

earth [ɜːθ] - die Erde

eat [iːt] - essen

editor [ˈedɪtə] - der Herausgeber

education [ˌedʒʊˈkeɪʃn] - die Ausbildung

eight [eɪt] - acht

eighth [eɪtθ] - achter

either of you [ˈaɪðər əv ju] - einer von euch

elder ['eldə] - älter
electric [ɪ'lektrɪk] - elektrisch
eleven [ɪ'levn] - elf
else [els] - andere
e-mail ['i:meɪl] - die E-Mail
employer [ɪm'plɔɪə] - der Arbeitgeber
energy ['enədʒi] - die Energie
engine ['endʒɪn] - der Motor
engineer [ˌendʒɪ'nɪə] - der Ingenieur
enjoy [ɪn'dʒɔɪ] - Spaß haben, genießen
especially [ɪ'speʃəli] - vor allem
estimate ['estɪmeɪt] - beurteilen
estimated ['estɪmeɪtɪd] - ausgewertet
etc. [et'setrə] - usw.
evening ['i:vnɪŋ] - der Abend
every ['evri] - jeder, jede, jedes
everybody ['evrɪˌbɔdi] - alle
everything ['evrɪθɪŋ] - alles
example [ɪg'zɑ:mpl] - das Beispiel
excuse [ɪk'skju:z] - sich entschuldigen
Excuse me. [ɪk'skju:z mi:] - Entschuldigen Sie.
experience [ɪk'spɪərɪəns] - die Erfahrung
explain [ɪk'spleɪn] - erklären
eye [aɪ] - das Auge
eyes [aɪz] - die Augen
face [feɪs] - das Gesicht
fall [fɔ:l] - fallen
fell [fel] - fiel
fall [fɔ:l] - der Fall
fallen ['fɔ:lən] - abgestürzt
falling ['fɔ:lɪŋ] - fallend
family ['fæməli] - die Familie

far ['fɑ:] - weit
farm [fɑ:m] - der Bauernhof
farmer ['fɑ:mə] - der Bauer
fasten ['fɑ:sn] - anschnallen
favourite ['feɪvərɪt] - Lieblings-
favourite film ['feɪvərɪt fɪlm] - der Lieblingsfilm
feed [fi:d] - füttern
feeling ['fi:lɪŋ] - das Gefühl
female ['fi:meɪl] - weiblich
few [fju:] - ein paar
field [fi:ld] - das Feld
fifteen [ˌfɪf'ti:n] - fünfzehn
fifth ['fɪfθ] - fünfter
fill up [fɪl ʌp] - füllen
film [fɪlm] - der Film
finance ['faɪnæns] - die Finanzwissenschaft
find [faɪnd] - finden
fine [faɪn] - gut
finish ['fɪnɪʃ] - das Ende; beenden
finished ['fɪnɪʃt] - fertig
fire ['faɪə] - das Feuer
fire ['faɪə] - feuern
firm [fɜ:m] - die Firma
firms [fɜ:mz] - die Firmen
five [faɪv] - fünf
flew away [flu: ə'weɪ] - flog weg
float [fləʊt] - treiben
floating ['fləʊtɪŋ] - treibend
floor [flɔ:] - der Boden
flow [fləʊ] - der Fluss
flower ['flaʊə] - die Blume
fluently ['flu:əntli] - fließend

food [fuːd] - das Essen

foot [fʊt] - der Fuß

on foot [ɔn fʊt] - zu Fuß

for [fɔː] - für

forget [fəˈget] - vergessen

forgot [fəˈgɔt] - vergaß

form [ˈfɔːm] - das Formular

forty-four [ˈfɔːti fɔː] - vierundvierzig

found [faʊnd] - gefunden

four [fɔː] - vier

fourth [ˈfɔːθ] - vierte

free [friː] - frei

free time [friː ˈtaɪm] - die Freizeit, freie Zeit

freeze [friːz] - erstarren

friend [ˈfrend] - der Freund

friendly [ˈfrendli] - freundlich

from [frɔm] - aus

from the USA [frəm ðə ˌjuːˌesˈeɪ] - aus den USA

front [frʌnt] - vorn

front wheels [frʌnt ˈwiːlz] - die Vorderräder

full [fʊl] - voll

fun [fʌn] - der Spaß

funny [ˈfʌni] - lustig

furniture [ˈfɜːnɪtʃə] - die Möbel

further [ˈfɜːðə] - weiter

future [ˈfjuːtʃə] - zukünftig

garden [ˈgɑːdn] - der Garten

gas [gæs] - das Gas

gave [geɪv] - gab

German [ˈdʒɜːmən] - der Deutsche, die Deutsche

Germany [ˈdʒɜːməni] - Deutschland

get (something) [ˈget ˈsʌmθɪŋ] - (etwas) erhalten, bekommen

get (somewhere) [ˈget ˈsʌmweə] - ankommen

get off [ˈget ɔf] - aussteigen

get up [ˈget ʌp] - aufstehen

Get up! [ˈget ʌp] - Steh auf!

gift [gɪft] - die Begabung

girl [gɜːl] - das Mädchen

girlfriend [ˈgɜːlfrend] - die Freundin

glad [glæd] - froh

glass [ˈglɑːs] - das Glas

go away [gəʊ əˈweɪ] - weggehen

go by bike, to ride a bike [gəʊ baɪ baɪk | tə raɪd ə baɪk] - Fahrrad fahren, mit dem Fahrrad fahren

gone [gɔn] - weg

good, well [gʊd | wel] - gut

goodbye [ˌgʊdˈbaɪ] - Auf Wiedersehen

great [ˈgreɪt] - super, toll

green [ˈgriːn] - grün

grey [greɪ] - grau

grey-headed [greɪ ˈhedɪd] - grauhaarig

guest [gest] - der Gast

gun [gʌn] - die Waffe

guy [gaɪ] - der Junge

had [hæd] - hatte

hair [heə] - das Haar

half [hɑːf] - halb

hand [hænd] - geben

handcuffs [ˈhændkʌfs] - die Handschellen

happen [ˈhæpən] - passieren

happened [ˈhæpənd] - passiert

happiness [ˈhæpinəs] - das Glück

happy ['hæpi] - glücklich

hard [hɑːd] - schwer

hat [hæt] - der Hut

hate [heɪt] - hassen

have [hæv] - haben

he/she/it has [hi ʃi ɪt hæz] - er/sie/es hat

He has a book. [hi həz ə bʊk] - Er hat ein Buch.

have a lot of work [həv ə lɔt əv 'wɜːk] - viel zu tun haben

he [hi] - er

head [hed] - der Kopf

head, go [hed | ɡəʊ] - gehen

health [helθ] - die Gesundheit

heard [hɜːd] - hörte

hello [hə'ləʊ] - hallo

help [help] - die Hilfe

help [help] - helfen

helper ['helpə] - der Helfer

her book [hə bʊk] - ihr Buch

here (a place) [hɪər ə 'pleɪs] - hier (Ort)

here (a direction) [hɪər ə dɪ'rekʃn] - hierher (Richtung)

here is [hɪə ɪz] - hier ist

Hey! [heɪ] - Hey

hi [haɪ] - hallo

hid [hɪd] - versteckte

hide [haɪd] - sich verstecken

hide-and-seek [ˌhaɪd n 'siːk] - das Versteckspiel

high [haɪ] - hoch

him [hɪm] - ihm

his [hɪz] - sein, seine

his bed [hɪz bed] - sein Bett

hit, beat [hɪt | biːt] - schlagen

home [həʊm] - das Zuhause

homework ['həʊmwɜːk] - die Hausaufgaben

hope [həʊp] - die Hoffnung

hope [həʊp] - hoffen

host [həʊst] - der Gastgeber

host family [həʊst 'fæməli] - die Gastfamilie

hotel [ˌhəʊ'tel] - das Hotel

hotels [ˌhəʊ'telz] - die Hotels

hour ['aʊə] - die Stunde

hourly ['aʊəli] - stündlich

house ['haʊs] - das Haus

how ['haʊ] - wie

howling ['haʊlɪŋ] - heulend

human ['hjuːmən] - der Mensch

hundred ['hʌndrəd] - hundert

hungry ['hʌŋɡri] - hungrig

I ['aɪ] - ich

ice-cream [aɪs 'kriːm] - das Eis

idea [aɪ'dɪə] - die Idee

if [ɪf] - ob

immediately [ɪ'miːdɪətli] - sofort

important [ɪm'pɔːtnt] - wichtig

in [ɪn] - in

incorrectly [ˌɪnkə'rektli] - falsch

individually [ˌɪndɪ'vɪdʒʊəli] - einzeln

inform [ɪn'fɔːm] - informieren, mitteilen

information [ˌɪnfə'meɪʃn] - die Information, die Angabe

informed [ɪn'fɔːmd] - informierte

inside [ɪn'saɪd] - in

instead [ɪn'sted] - stattdessen

instead of [ɪn'sted ɔv] - anstelle von

instead of you [ɪn'sted əv ju] - an deiner Stelle
interesting ['ɪntrəstɪŋ] - interessant
Internet site ['ɪntənet saɪt] - die Website
into ['ɪntə] - in
it [ɪt] - es
its (for neuter) [ɪts fə 'nju:tə] - sein
jacket ['dʒækɪt] - die Jacke
jar [dʒɑ:] - der Krug
job [dʒɔb] - die Arbeit
job agency [dʒɔb 'eɪdʒənsi] - die Arbeitsvermittlung
join [dʒɔɪn] - kommen in
journalist ['dʒɜ:nəlɪst] - der Journalist
jump [dʒʌmp] - springen
jump [dʒʌmp] - der Sprung
just [dʒəst] - einfach
kangaroo [ˌkæŋgə'ru:] - das Känguru
kettle ['ketl] - der Kessel
key [ki:] - der Schlüssel
keyboard ['ki:bɔ:d] - die Tastatur
killed [kɪld] - tötete, getötet
killer ['kɪlə] - der Mörder
kilometer [kə'lɑ:mətə] - der Kilometer
kind, type [kaɪnd | taɪp] - die Art
kindergarten ['kɪndəgɑ:tn] - der Kindergarten
kiss [kɪs] - küssen
kitchen ['kɪtʃɪn] - die Küche
kitten ['kɪtn] - das Kätzchen
knew [nju:] - wusste
know [nəʊ] - kennen
know each other [nəʊ i:tʃ 'ʌðə] - sich kennen

lake [leɪk] - der See
land [lænd] - landen
language ['læŋgwɪdʒ] - die Sprache
laser ['leɪzə] - der Laser
last, take [lɑ:st | teɪk] - dauern
laugh [lɑ:f] - lachen
leader ['li:də] - der Führer
learn [lɜ:n] - lernen
learned about [lɜ:nd ə'baʊt] - kennengelernt
learning ['lɜ:nɪŋ] - lernen
leave [li:v] - verlassen
left [left] - links
leg [leg] - das Bein
less [les] - weniger
lesson ['lesn] - die Aufgabe, Lektion
let [let] - lassen
let us [let əz] - lass uns
letter ['letə] - der Brief
life [laɪf] - das Leben
life-saving trick ['laɪf'seɪvɪŋ trɪk] - der Rettungstrick
lift [lɪft] - der Aufzug
like ['laɪk] - gefallen
like, love ['laɪk | 'lʌv] - mögen, lieben
limit ['lɪmɪt] - die Begrenzung
lion ['laɪən] - der Löwe
list [lɪst] - die Liste
listen ['lɪsn] - hören
little ['lɪtl] - klein
live [laɪv] - leben, wohnen
lived [lɪvd] - lebte
living ['lɪvɪŋ] - wohnhaft
load [ləʊd] - (be)laden

loader ['ləʊdə] - der Verlader

long ['lɔŋ] - lang

look [lʊk] - sehen, schauen, betrachten

look around [lʊk ə'raʊnd] - sich umsehen

looked [lʊkt] - sah, schaute

loose [luːs] - verlieren

lot [lɔt] - viel

love ['lʌv] - die Liebe

love ['lʌv] - lieben

loved ['lʌvd] - geliebt

machine [mə'ʃiːn] - die Maschine

magazine [ˌmægə'ziːn] - die Zeitschrift

make ['meɪk] - machen

male [meɪl] - männlich

manual work ['mænjʊəl 'wɜːk] - die Handarbeit

many, much ['meni | 'mʌtʃ] - viel

map [mæp] - die Karte

mattress ['mætrɪs] - die Matratze

may [meɪ] - dürfen, können

must not [məst nɔt] - nicht dürfen

me [miː] - mich

meanwhile ['miːnwaɪl] - in der Zwischenzeit

medical ['medɪkl] - medizinisch

meet [miːt] - treffen, kennenlernen

member ['membə] - das Mitglied

men [men] - der Mann

mental work ['mentl 'wɜːk] - die Kopfarbeit

met [met] - getroffen, kennengelernt

metal ['metl] - das Metall

meter ['miːtə] - der Meter

method ['meθəd] - die Methode

microphone ['maɪkrəfəʊn] - das Mikrofon

middle name ['mɪdl 'neɪm] - der zweite Name

mine [maɪn] - mein

minute [maɪ'njuːt] - die Minute

Miss [mɪs] - das Fräulein

mister, Mr. ['mɪstə | 'mɪstə] - Herr, Hr.

mobile ['məʊbaɪl] - das Handy

mom, mother [mɔm | 'mʌðə] - Mama, die Mutter

moment ['məʊmənt] - der Moment

Monday ['mʌndeɪ] - der Montag

money ['mʌni] - das Geld

monkey ['mʌŋki] - der Affe

monotonous [mə'nɔtənəs] - monoton

more [mɔː] - mehr

morning ['mɔːnɪŋ] - der Morgen

mosquito [mə'skiːtəʊ] - die Stechmücke

mother ['mʌðə] - die Mutter

moved [muːvd] - bewegte sich

much, many ['mʌtʃ | 'meni] - viel, viele

music ['mjuːzɪk] - die Musik

must [mʌst] - müssen

my [maɪ] - mein, meine, mein

mystery ['mɪstəri] - das Rätsel

name ['neɪm] - der Name

name ['neɪm] - nennen

nationality [ˌnæʃə'nælɪti] - die Nationalität

native language ['neɪtɪv 'læŋgwɪdʒ] - die Muttersprache

nature ['neɪtʃə] - die Natur

nearest ['nɪərɪst] - nächste

nearness ['nɪənəs] - die Nähe

near, nearby, next [nɪə | 'nɪəbaɪ | nekst] - in der Nähe

need [niːd] - brauchen
neighbour [ˈneɪbə] - der Nachbar
never [ˈnevə] - nie
new [njuː] - neu
newspaper [ˈnjuːspeɪpə] - die Zeitung
nice [naɪs] - schön
night [naɪt] - die Nacht
nine [naɪn] - neun
ninth [naɪnθ] - neunter
no [nəʊ] - nein
nobody [ˈnəʊbədi] - niemand
North America and Eurasia [nɔːθ əˈmerɪkə ənd jʊəˈreɪʒə] - Nordamerika und Eurasien
nose [nəʊz] - die Nase
not [nɔt] - nicht
note [nəʊt] - die Notiz
notebook [ˈnəʊtbʊk] - das Notizbuch
notebooks [ˈnəʊtbʊks] - die Notizbücher
nothing [ˈnʌθɪŋ] - nichts
now [naʊ] - jetzt, zurzeit, gerade
number [ˈnʌmbə] - die Nummer
o'clock [əˈklɔk] - Uhr
of course [əv kɔːs] - natürlich
office [ˈɔfɪs] - das Büro
officer, policeman [ˈɔfɪsə | pəˈliːsmən] - der Polizist
often [ˈɔfn] - oft
oil [ɔɪl] - das Öl
okay, well [ˌəʊˈkeɪ | wel] - okay, gut
on [ɔn] - auf
once [wʌns] - einmal
one [wʌn] - ein
one by one [wʌn baɪ wʌn] - einer nach dem anderen

one more [wʌn mɔː] - noch einen
only [ˈəʊnli] - nur
open [ˈəʊpən] - öffnen
opened [ˈəʊpənd] - öffnete, geöffnet
order [ˈɔːdə] - befehlen
other [ˈʌðə] - andere
our [ˈaʊə] - unser
out of order [ˈaʊt əv ˈɔːdə] - außer Betrieb
outdoors [ˌaʊtˈdɔːz] - draußen
over [ˈəʊvə] - über
own [əʊn] - eigener, eigene, eigenes
owner [ˈəʊnə] - der Besitzer
pail [peɪl] - der Eimer
pale [peɪl] - blass
panic [ˈpænɪk] - die Panik
paper [ˈpeɪpə] - das Papier
parachute [ˈpærəʃuːt] - der Fallschirm
parachutist [ˈpærəʃuːtɪst] - der Fallschirmspringer
parent [ˈpeərənt] - die Eltern
park [pɑːk] - der Park
parks [pɑːks] - die Parks
part [pɑːt] - der Teil
participant [pɑːˈtɪsɪpənt] - der Teilnehmer
passed [pɑːst] - abgelaufen
past [pɑːst] - nach, vorbei
patrol [pəˈtrəʊl] - die Patrouille, die Streife
pay [peɪ] - bezahlen, zahlen
paid [peɪd] - bezahlte, gezahlt
pen [pen] - der Stift
pens [penz] - die Stifte
people [ˈpiːpl] - die Menschen
per hour [pɜː ˈaʊə] - pro Stunde

person ['pɜːsn] - die Person

personal ['pɜːsnl] - persönlich

personnel department [ˌpɜːsəˈnel dɪˈpɑːtmənt] - die Personalabteilung

pet [pet] - das Haustier

pharmacy ['fɑːməsi] - die Apotheke

phone handset [fəʊn 'hændset] - der Telefonhörer

phone, [fəʊn] - das Telefon

phone [fəʊn] - anrufen

photograph ['fəʊtəgrɑːf] - fotografieren

photographer [fəˈtɔgrəfə] - der Fotograf

phrase [freɪz] - der Satz

picture ['pɪktʃə] - das Foto

pill [pɪl] - die Tablette

pilot ['paɪlət] - der Pilot

pitch [pɪtʃ] - schaukeln

place ['pleɪs] - legen

plan [plæn] - der Plan

plan [plæn] - planen

planet ['plænɪt] - der Planet

plate [pleɪt] - der Teller

play ['pleɪ] - spielen

playing ['pleɪɪŋ] - das Spielen

please [pliːz] - bitte

pocket ['pɔkɪt] - die Tasche

pointed ['pɔɪntɪd] - richtete

Poland ['pəʊlənd] - Polen

police [pəˈliːs] - die Polizei

poor [pʊə] - arm

position [pəˈzɪʃn] - die Position

possibility [ˌpɔsəˈbɪlɪti] - die Möglichkeit

possible ['pɔsəbl] - möglich

pour [pɔː] - schütten

prepare [prɪˈpeə] - vorbereiten

press [pres] - drücken

pretend [prɪˈtend] - vorgeben; so tun, als ob

price [praɪs] - der Preis

problem ['prɔbləm] - das Problem

produce [prəˈdjuːs] - herstellen

profession [prəˈfeʃn] - der Beruf

program ['prəʊgræm] - das Programm

programmer ['prəʊgræmə] - der Programmierer

protect [prəˈtekt] - beschützen

publishing ['pʌblɪʃɪŋ] - der Verlag

pull [pʊl] - ziehen

puppy ['pʌpi] - der Welpe

pursuit [pəˈsjuːt] - die Verfolgung

push [pʊʃ] - stoßen, ziehen

pussycat ['pʊsɪkæt] - die Miezekatze

put on ['pʊt ɔn] - sich anziehen

questionnaire [ˌkwestʃəˈneə] - der Fragebogen

queue [kjuː] - die Schlange

quick, quickly [kwɪk | 'kwɪkli] - schnell

quietly ['kwaɪətli] - leise

quite [kwaɪt] - ziemlich

radar ['reɪdɑː] - der Radar

radio ['reɪdɪəʊ] - das Radio

railway station ['reɪlweɪ 'steɪʃn] - der Bahnhof

rain [reɪn] - der Regen

rang [ræŋ] - klingelte

rat [ræt] - die Ratte

read [riːd] - lesen

reading ['riːdɪŋ] - lesend

ready ['redi] - fertig
real [rɪəl] - wirklich
really ['rɪəli] - wirklich
reason ['riːzən] - der Grund
recommend [ˌrekə'mend] - empfehlen
recommendation [ˌrekəmen'deɪʃn] - die Empfehlung
recommended [ˌrekə'mendɪd] - empfohlen
record [rɪ'kɔːd] - aufnehmen
red [red] - rot
refuse [rɪ'fjuːz] - ablehnen
rehabilitate [ˌriːə'bɪlɪteɪt] - gesund pflegen
rehabilitation [ˌriːəˌbɪlɪ'teɪʃn] - die Genesung, Rehabilitation
remain [rɪ'meɪn] - bleiben
remembered [rɪ'membəd] - erinnerte sich
report [rɪ'pɔːt] - berichten
reporter [rɪ'pɔːtə] - der Reporter
rescue ['reskjuː] - retten
rescue service ['reskjuː 'sɜːvɪs] - der Rettungsdienst
ricochet ['rɪkəʃeɪ] - abprallen
right [raɪt] - rechts
ring [rɪŋ] - klingeln
ring [rɪŋ] - das Klingeln
road [rəʊd] - die Straße
robber ['rɔbə] - der Dieb
robbery ['rɔbəri] - der Diebstahl, der Überfall
roof [ruːf] - das Dach
room [ruːm] - das Zimmer
rooms [ruːmz] - die Zimmer
round ['raʊnd] - rund
rub [rʌb] - reiben

rubber ['rʌbə] - der Gummi
rubric ['ruːbrɪk] - die Rubrik
rule [ruːl] - die Regel
run [rʌn] - rennen, joggen, laufen
run away [rʌn ə'weɪ] - weglaufen
running ['rʌnɪŋ] - führen
rushed [rʌʃt] - raste
sad [sæd] - traurig
safe [seɪf] - der Tresor
said ['sed] - sagte
sand [sænd] - der Sand
sandwich ['sænwɪdʒ] - das Butterbrot, das Sandwich
Saturday ['sætədeɪ] - der Samstag
save [seɪv] - retten
saw ['sɔː] - sahen
say ['seɪ] - sagen
school [skuːl] - die Schule
sea [siː] - das Meer
seashore ['siːʃɔː] - die Küste
Season ['siːzn] - die (Jahres)zeit
seat [siːt] - der Sitz
seat belts [siːt belts] - der Sicherheitsgurt
second ['sekənd] - zweiter
secret ['siːkrɪt] - das Geheimnis
secretary ['sekrətəri] - die Sekretärin
secretly ['siːkrɪtli] - heimlich
see ['siː] - sehen
seed [siːd] - das Saatgut
seldom ['seldəm] - selten
sell [sel] - verkaufen
sent [sent] - schickte

sergeant ['sɑːdʒənt] - der Polizeihauptmeister

serial ['sɪərɪəl] - die Serie

seriously ['sɪərɪəsli] - ernst

servant ['sɜːvənt] - der Bedienstete

serve [sɜːv] - bedienen

set free [set friː] - freisetzen

seven ['sevn] - sieben

seventeen (hour) [ˌsevn'tiːn 'aʊə] - siebzehn

seventh ['sevnθ] - siebter

sex [seks] - das Geschlecht

shake [ʃeɪk] - zittern, schütteln

she [ʃi] - sie

sheet (of paper) [ʃiːt əv 'peɪpə] - das Blatt

ship [ʃɪp] - das Schiff

shook [ʃʊk] - wackelte

shop [ʃɔp] - der Laden

shop assistant [ʃɔp ə'sɪstənt] - der Verkäufer, die Verkäuferin

shopping center ['ʃɔpɪŋ 'sentə] - das Einkaufszentrum

shops [ʃɔps] - die Läden

shore [ʃɔː] - die Küste

short [ʃɔːt] - kurz

shot [ʃɔt] - schoss; angeschossen

show [ʃəʊ] - zeigen

showed [ʃəʊd] - zeigte

silent, silently ['saɪlənt | 'saɪləntli] - leise

silly ['sɪli] - dumm

simple ['sɪmpl] - einfach

since [sɪns] - *(temporal)* seit; *(kausal)* da, weil

sing [sɪŋ] - singen

singer ['sɪŋə] - der Sänger

single ['sɪŋgl] - ledig

siren ['saɪərən] - die Sirene

sister ['sɪstə] - die Schwester

sit [sɪt] - setzen

sit down [sɪt daʊn] - sich hinsetzen

situation [ˌsɪtʃʊ'eɪʃn] - die Situation

six [sɪks] - sechs

sixth [sɪksθ] - sechster

sixty ['sɪksti] - sechzig

skill [skɪl] - die Fähigkeit

sleep [sliːp] - schlafen

sleeping ['sliːpɪŋ] - schlafen

slightly ['slaɪtli] - leicht

slowly ['sləʊli] - langsam

sly, slyly [slaɪ | 'slaɪli] - schlau

small [smɔːl] - klein

smart [smɑːt] - intelligent

smile [smaɪl] - das Lächeln

smile [smaɪl] - lächeln

smiled [smaɪld] - lächelte

snack [snæk] - der Imbiss

so ['səʊ] - deswegen

solution, answer [sə'luːʃn | 'ɑːnsə] - die Lösung

some [sʌm] - ein paar, einige

somebody ['sʌmbədi] - jemand

something ['sʌmθɪŋ] - etwas

sometimes ['sʌmtaɪmz] - manchmal, ab und zu

son [sʌn] - der Sohn

soon [suːn] - bald

space [speɪs] - das Weltall

spaceship ['speɪs ʃɪp] - das Raumschiff

spaniel ['spænɪəl] - der Spaniel
Spanish ['spænɪʃ] - spanisch
speak [spiːk] - sprechen
speech [spiːtʃ] - die Rede
speed [spiːd] - die Geschwindigkeit
speed [spiːd] - rasen
speeder ['spiːdə] - der Raser
spend [spend] - ausgeben, verwenden
sport [spɔːt] - der Sport
sport shop [spɔːt ʃɔp] - das Sportgeschäft
sport bike [spɔːt baɪk] - das Sportfahrrad
spread [spred] - übergreifen
square [skweə] - der Platz
stairs [steəz] - die Treppe
stand [stænd] - stehen
standard ['stændəd] - der Standard, Standard-
star [stɑː] - der Stern
start [stɑːt] - anfangen
started (to drive) ['stɑːtɪd tə draɪv] - fuhr los
status ['steɪtəs] - der Stand
steal [stiːl] - stehlen
steer [stɪə] - lenken
step [step] - der Schritt
step [step] - treten
stepped [stept] - trat
still [stɪl] - noch, weiterhin
stinking ['stɪŋkɪŋ] - stinkend
stolen ['stəʊlən] - gestohlen
stone [stəʊn] - der Stein
stop [stɔp] - anhalten
stopped [stɔpt] - beendete
story ['stɔːri] - die Geschichte

strange [streɪndʒ] - fremd
streets [striːts] - die Straßen
strength [streŋθ] - die Stärke
strong, strongly [strɔŋ | 'strɔŋli] - stark
student ['stjuːdnt] - der Student
students ['stjuːdnts] - die Studenten
study ['stʌdi] - studieren
stuffed [stʌft] - ausgestopft
stuffed parachutist [stʌft 'pærəʃuːtɪst] - Fallschirmspringerpuppe
suddenly [sʌdnli] - plötzlich
suitable ['suːtəbl] - passend
supermarket ['suːpəmɑːkɪt] - der Supermarkt
sure [ʃʊə] - klar, sicher
surprise [səˈpraɪz] - die Überraschung
surprise [səˈpraɪz] - überraschen
surprised [səˈpraɪzd] - überrascht, verwundert
swallow ['swɔləʊ] - schlucken, hinunterschlucken
swim [swɪm] - schwimmen
switched on [swɪtʃt ɔn] - machte an
table ['teɪbl] - der Tisch
tables ['teɪblz] - die Tische
tail [teɪl] - der Schwanz
take [teɪk] - nehmen
take part [teɪk pɑːt] - teilnehmen
taken ['teɪkən] - gebracht
talk ['tɔːk] - sich unterhalten
tanker ['tæŋkə] - der Tanker
tap [tæp] - der Wasserhahn
task [tɑːsk] - die Aufgabe
tasty ['teɪsti] - lecker

taxi ['tæksi] - das Taxi
taxi driver ['tæksi 'draɪvə] - der Taxifahrer
tea [tiː] - der Tee
teach [tiːtʃ] - beibringen
teacher ['tiːtʃə] - der Lehrer
team [tiːm] - die Mannschaft
telephone ['telɪfəʊn] - das Telefon
telephone ['telɪfəʊn] - telefonieren
television ['telɪˌvɪʒn] - der Fernseher
tell, say [tel | 'seɪ] - sagen
ten [ten] - zehn
tenth [tenθ] - zehnter
test ['test] - die Prüfung
test ['test] - prüfen
pass a test [pɑːs ə 'test] - eine Prüfung bestehen
text [tekst] - der Text
textbook ['teksbʊk] - das Fachbuch
than [ðæn] - als
thank [θæŋk] - danken
thank you, thanks [θæŋk ju | θæŋks] - danke
that [ðæt] - jener, jene, jenes
that (conj) [ðət] - dass
the same [ðə seɪm] - der/die/das Gleiche
their [ðeə] - ihr
then [ðen] - dann
there [ðeə] - dort
these, those [ðiːz | ðəʊz] - diese
they ['ðeɪ] - sie
thief [θiːf] - der Dieb
thieves [θiːvz] - die Diebe
thing ['θɪŋ] - das Ding, die Sache

this stuff [ðɪs stʌf] - diese Dinge
think ['θɪŋk] - denken
third ['θɜːd] - dritter
thirty ['θɜːti] - dreißig
this [ðɪs] - dieser, diese, dieses
this book [ðɪs bʊk] - dieses Buch
thousand ['θaʊznd] - tausend
three [θriː] - drei
through [θruː] - hindurch
ticket ['tɪkɪt] - die Fahrkarte
tiger ['taɪgə] - der Tiger
time ['taɪm] - die Zeit
tired ['taɪəd] - müde
today [tə'deɪ] - heute
together [tə'geðə] - zusammen
toilet ['tɔɪlɪt] - die Toilette
tomorrow [tə'mɔrəʊ] - morgen
too, either, also [tuː | 'aɪðə | 'ɔːlsəʊ] - auch
took [tʊk] - nahm
town [taʊn] - die Stadt
toy [tɔɪ] - das Spielzeug
train [treɪn] - der Zug
train [treɪn] - trainieren
trained [treɪnd] - trainiert
translator [trænz'leɪtə] - der Übersetzer
transport [træns'pɔːt] - der Transport
travel ['trævl] - reisen
trick [trɪk] - der Trick
trousers ['traʊzəz] - die Hose
truck [trʌk] - der Lastwagen
try ['traɪ] - versuchen
tried ['traɪd] - versuchte

turn [tɜ:n] - drehen
turn on [tɜ:n ɔn] - anmachen
turn off [tɜ:n ɔf] - ausmachen
turned [tɜ:nd] - drehte
TV-set [ˌti:'vi: set] - der Fernseher
twelve [twelv] - zwölf
twenty ['twenti] - zwanzig
twenty-five ['twenti faɪv] - fünfundzwanzig
twenty-one ['twenti wʌn] - einundzwanzig
twice [twaɪs] - zweimal
two ['tu:] - zwei
unconscious [ʌn'kɔnʃəs] - bewusstlos
under ['ʌndə] - unter
underline [ˌʌndə'laɪn] - unterstreichen
understand [ˌʌndə'stænd] - verstehen
understood [ˌʌndə'stʊd] - verstanden
unfair [ˌʌn'feə] - ungerecht
United States/the USA [ju'naɪtɪd steɪts ðə ˌju:ˌes'eɪ] - die Vereinigten Staaten, die USA
unload [ʌn'ləʊd] - abladen
until [ʌn'tɪl] - bis
us [əz] - uns
use ['ju:s] - benutzen
usual ['ju:ʒʊəl] - normal, gewöhnlich
usually ['ju:ʒəli] - normalerweise
very ['veri] - sehr
vet [vet] - der Tierarzt
videocassette ['vɪdiokæˌset] - die Videokassette
video-shop ['vɪdɪəʊ ʃɔp] - die Videothek
village ['vɪlɪdʒ] - das Dorf
visit ['vɪzɪt] - besuchen
visited ['vɪzɪtɪd] - besuchte

voice [vɔɪs] - die Stimme
wait [weɪt] - warten
waited ['weɪtɪd] - wartete
walk [wɔ:k] - gehen
walking ['wɔ:kɪŋ] - laufen
want [wɔnt] - wollen
wanted ['wɔntɪd] - wollte
war [wɔ:] - der Krieg
warm [wɔ:m] - warm
warm up [wɔ:m ʌp] - aufwärmen
was [wɔz] - war
wash [wɔʃ] - waschen, putzen
washer ['wɔʃə] - die Waschmaschine
watch [wɔtʃ] - die Uhr
water ['wɔ:tə] - das Wasser
wave [weɪv] - die Welle
way ['weɪ] - der Weg
we [wi] - wir
weather ['weðə] - das Wetter
week [wi:k] - die Woche
were [wɜ:] - waren
wet [wet] - nass
whale [weɪl] - der Wal
what ['wɔt] - was
What is this? ['wɔt s ðɪs] - Was ist das?
What table? ['wɔt 'teɪbl] - Welcher Tisch?
What is the matter? ['wɔt s ðə 'mætə] - Was ist los?
wheel ['wi:l] - das Rad
when [wen] - wenn
where [weə] - wo
which [wɪtʃ] - der, die, das (Konj.)
while [waɪl] - während

white [waɪt] - weiß
who [hu:] - wer
whose [hu:z] - wessen
wide, widely [waɪd | 'waɪdli] - weit
will [wɪl] - werden
wind [wɪnd] - der Wind
window ['wɪndəʊ] - das Fenster
windows ['wɪndəʊz] - die Fenster
with [wɪð] - mit
without [wɪð'aʊt] - ohne
without a word [wɪð'aʊt ə 'wɜ:d] - wortlos
woman ['wʊmən] - die Frau
wonderful ['wʌndəfəl] - wunderbar
word ['wɜ:d] - das Wort, die Vokabel
words ['wɜ:dz] - die Wörter, die Vokabeln
worked ['wɜ:kt] - gearbeitet
worker ['wɜ:kə] - der Arbeiter
working ['wɜ:kɪŋ] - arbeitend

world [wɜ:ld] - die Welt
worry ['wʌri] - sich Sorgen machen
write ['raɪt] - schreiben
writer ['raɪtə] - der Schriftsteller
wrote [rəʊt] - schrieb
yard [jɑ:d] - der Hof
year ['jiə] - das Jahr
yellow ['jeləʊ] - gelb
yes [jes] - ja
yesterday ['jestədi] - gestern
yet [jet] - noch
you [ju] - du/ihr
young [jʌŋ] - jung
your [jə] - dein
yours sincerely [jɔ:z sɪn'sɪəli] - hochachtungsvoll
zebra ['zebrə] - das Zebra
zoo [zu:] - der Zoo

Wörterbuch Deutsch-Englisch

Abend, der - evening [ˈiːvnɪŋ]

Abenteuer, das - adventure [ədˈventʃə]

aber - but [bʌt]

abgelaufen - passed [pɑːst]

abgestürzt - fallen [ˈfɔːlən]

abladen - to unload [tu ʌnˈləʊd]

ablehnen - to refuse [tə rɪˈfjuːz]

abprallen - ricochet [ˈrɪkəʃeɪ]

acht - eight [eɪt]

achter - eighth [eɪtθ]

Adresse, die - address [əˈdres]

Affe, der - monkey [ˈmʌŋki]

Agentur, die - agency [ˈeɪdʒənsi]

Alarm, der - alarm [əˈlɑːm]

alle - all, everybody [ɔːl | ˈevrɪˌbɒdi]

alles - everything [ˈevrɪθɪŋ]

als - than [ðæn]

älter - elder [ˈeldə]

Alter, das - age [eɪdʒ]

am, beim - at [æt]

Amerikaner - American [əˈmerɪkən]

andere - other [ˈʌðə]

anderer - another [əˈnʌðə]

ändern - to change, [tə tʃeɪndʒ]

die Änderung - change [tʃeɪndʒ]

anfangen - to begin [tə bɪˈɡɪn]

angekommen - arrived [əˈraɪvd]

ängstlich - afraid [əˈfreɪd]

anhalten - to stop [tə stɒp]

ankommen - to arrive, to get (somewhere) [tu əˈraɪv | tə ˈɡet ˈsʌmweə]

Anrufbeantworter, der - answering machine [ˈɑːnsərɪŋ məʃiːn]

anrufen - to call on the phone; [tə kɔːl ɒn ðə fəʊn]

rufen - call [kɔːl]

Callcenter, das - call centre [kɔːl ˈsentə]

anschnallen - fasten [ˈfɑːsn]

anstelle von - instead of [ɪnˈsted ɒv]

an deiner Stelle - instead of you [ɪnˈsted əv ju]

Antwort, die - answer [ˈɑːnsə]

antworten - to answer [tu ˈɑːnsə]

Anzeige, die - advert [ˈædvɜːt]

Apotheke, die - pharmacy [ˈfɑːməsi]

Arbeit, die - job [dʒɒb]

arbeitend - working [ˈwɜːkɪŋ]

Arbeiter, der - worker [ˈwɜːkə]

Arbeitgeber, der - employer [ɪmˈplɔɪə]

Arbeitsvermittlung, die - job agency [dʒɒb ˈeɪdʒənsi]

ärgern - to bother [tə ˈbɒðə]

arm - poor [pʊə]

Arm, der - arm [ɑːm]

Art, die - kind, type [kaɪnd | taɪp]

Arzt, der - doctor [ˈdɒktə]

Aspirin, das - aspirin [ˈæsprɪn]

auch - as well, also, either, too [əz wel | ˈɔːlsəʊ | ˈaɪðə | tuː]

auf - on [ɒn]

Auf Wiedersehen - goodbye [ˌɡʊdˈbaɪ]

Aufgabe, die - task [tɑːsk]

Aufmerksamkeit, die - attention [əˈtenʃn]

achten auf - pay attention to [peɪ əˈtenʃn tuː]

aufnehmen - to record [tə rɪˈkɔːd]

aufstehen - to get up [tə ˈget ʌp]

Aufzug der - lift [lɪft]

Auge, das - eye [aɪ]

Augen, die - eyes [aɪz]

aus - from [frɔm]

aus den USA - from the USA [frəm ðə ˌjuːˌesˈeɪ]

Ausbildung, die - education [ˌedʒʊˈkeɪʃn]

ausgeben, verwenden - to spend [tə spend]

ausgestopft - stuffed [stʌft]

ausgewertet - estimated [ˈestɪmeɪtɪd]

Ausschreibung, die, Wettbewerb der - competition [ˌkɔmpəˈtɪʃn]

außer Betrieb - out of order [ˈaʊt əv ˈɔːdə]

Außerirdische, der - alien [ˈeɪliən]

aussteigen - to get off [tə ˈget ɔf]

auswählen, entscheiden für - to choose [tə tʃuːz]

Auto, das - car [kɑː]

Bad, das; Badezimmer, das - bathroom; [ˈbɑːθruːm]

Badewanne, die - bath [bɑːθ]

Badezimmertisch, der - bathroom table [ˈbɑːθruːm ˈteɪbl]

Bahnhof, der - railway station [ˈreɪlweɪ ˈsteɪʃn]

bald - soon [suːn]

Bank, die - bank [bæŋk]

Bargeld, das - cash [kæʃ]

Bauer, der - farmer [ˈfɑːmə]

Bauernhof, der - farm [fɑːm]

bedienen - to serve [tə sɜːv]

Bedienstete, der - servant [ˈsɜːvənt]

beendete - stopped [stɔpt]

befehlen - to order [tu ˈɔːdə]

Begabung, die - gift [gɪft]

begann - began [bɪˈgæn]

begleiten - to accompany [tu əˈkʌmpəni]

begleitet - accompanied [əˈkʌmpənid]

Begrenzung, die - limit [ˈlɪmɪt]

beibringen - to teach [tə tiːtʃ]

Bein, das - leg [leg]

Beispiel, das - example [ɪgˈzɑːmpl]

beißen - to bite [tə baɪt]

bekommen - to get [tə ˈget]

beladen - to load [tə ləʊd]

bellte - barked [bɑːkt]

benutzen - to use [tə ˈjuːz]

beraten - to consult [tə kənˈsʌlt]

Berater, der - consultant [kənˈsʌltənt]

Beratung, die - consultancy [kənˈsʌltənsi]

berichten - to report [tə rɪˈpɔːt]

Beruf, der - profession [prəˈfeʃn]

beschützen - to protect [tə prəˈtekt]

Besitzer, der - owner [ˈəʊnə]

besser - better [ˈbetə]

beständig - constant [ˈkɔnstənt]

besuchte - visited [ˈvɪzɪtɪd]

Bett, das - bed [bed]

Betten, die - beds [ˈbedz]

beurteilen - to estimate [tu ˈestɪmeɪt]

bewegte sich - moved [muːvd]

bewusstlos - unconscious [ʌnˈkɔnʃəs]

bezahlen, zahlen - to pay [tə peɪ]

bezahlte, gezahlt - paid [peɪd]

bis - until [ʌn'tɪl]

bitte - please [pli:z]

bitten, fragen - to ask [tu ɑ:sk]

blass - pale [peɪl]

Blatt, das - sheet [ʃi:t]

blau - blue [blu:]

bleiben - to remain [tə rɪ'meɪn]

Blume, die - flower ['flaʊə]

Boden, der - floor [flɔ:]

brauchen - need [ni:d]

Bremse, die - brake [breɪk]

bremsen - to brake [tə breɪk]

Brief, der - letter ['letə]

bringen - to bring [tə brɪŋ]

Brot, das - bread [bred]

Brücke, die - bridge [brɪdʒ]

Bruder, der - brother ['brʌðə]

Buch, das - book [bʊk]

Bücherregal, das - bookcase ['bʊk keɪs]

Büro, das - office ['ɔfɪs]

Bus, der - bus [bʌs]

mit dem Bus fahren - to go by bus [tə gəʊ baɪ bʌs]

Butter, die - butter ['bʌtə]

Butterbrot, das - sandwich ['sænwɪdʒ]

Café, das - café ['kæfeɪ]

CD, die - CD [,si:'di:]

CD-Spieler, der - CD player [,si:'di: 'pleɪə]

Chance, die - chance [tʃɑ:ns]

Chemie, die - chemistry ['kemɪstri]

chemisch - chemical ['kemɪkl]

Chemikalien, die - chemicals ['kemɪklz]

Computer, der - computer [kəm'pju:tə]

da, weil - since, as [sɪns | æz]

Dach, das - roof [ru:f]

danken - to thank [tə θæŋk]

danke - thank you, thanks [θæŋk ju | θæŋks]

dann - then [ðen]

danach - after that ['ɑ:ftə ðæt]

dass - that [ðæt]

Datum, das - date [deɪt]

dauern - to last, to take [tə lɑ:st | tə teɪk]

dein - your [jə]

denken - to think [tə 'θɪŋk]

der, die, das (Konj.) - which [wɪtʃ]

der/die/das Gleiche - the same [ðə seɪm]

Design, das - design [dɪ'zaɪn]

deswegen - so ['səʊ]

Deutsche, der; Deutsche, die - German ['dʒɜ:mən]

Deutschland - Germany ['dʒɜ:məni]

Dieb, der - thief, robber [θi:f | 'rɔbə]

Diebe, die - thieves [θi:vz]

Diebstahl, der - robbery ['rɔbəri]

diese (Pl.) - these, those [ði:z | ðəʊz]

dieser, diese, dieses (Sg.) - this, that [ðɪs | ðæt]

dieses Buch - this book [ðɪs bʊk]

Ding, das; Sache, die - thing ['θɪŋ]

diese Dinge - this stuff [ðɪs stʌf]

Dorf, das - village ['vɪlɪdʒ]

dort - there [ðeə]

draußen - outdoors [,aʊt'dɔ:z]

dreckig - dirty ['dɜ:ti]

drehen - to turn [tə tɜ:n]

drehte - turned [tɜ:nd]

drei - three [θriː]

dreißig - thirty [ˈθɜːti]

dritter - third [ˈθɜːd]

drücken - to press [tə pres]

du/ihr - you [ju]

dumm - silly [ˈsɪli]

dunkel - dark [dɑːk]

dürfen, können - may [meɪ]

DVD, die - DVD [ˌdiviˈdiː]

eigener, eigene, eigenes - own [əʊn]

Eimer, der - pail [peɪl]

ein - one [wʌn]

ein paar - some, a pair [sʌm | ə peə]

einer nach dem anderen - one by one [wʌn baɪ wʌn]

einer von euch - either of you [ˈaɪðər əv ju]

einfach - just; simple [dʒəst | ˈsɪmpl]

einige - some [sʌm]

Einkaufszentrum, das - shopping center [ˈʃɒpɪŋ ˈsentə]

einmal - once [wʌns]

einundzwanzig - twenty-one [ˈtwenti wʌn]

einverstanden sein - to agree [tu əˈgriː]

einzeln - individually [ˌɪndɪˈvɪdʒuəli]

Eis, das - ice-cream [aɪs ˈkriːm]

elektrisch - electric [ɪˈlektrɪk]

elf - eleven [ɪˈlevn]

Eltern, die - parent [ˈpeərənt]

E-Mail, die - e-mail [ˈiːmeɪl]

empfehlen - to recommend; [tə ˌrekəˈmend]

Empfehlung, die - recommendation [ˌrekəmenˈdeɪʃn]

empfohlen - recommended [ˌrekəˈmendɪd]

Ende, das - finish [ˈfɪnɪʃ]

Energie, die - energy [ˈenədʒi]

entlang - along [əˈlɒŋ]

entwerfen, verfassen - to compose [tə kəmˈpəʊz]

entwickeln - to develop [tə dɪˈveləp]

Entwurf, der; Text, der - composition [ˌkɒmpəˈzɪʃn]

er - he [hi]

er kam, gekommen - came [keɪm]

Erde, die - earth [ɜːθ]

Erfahrung, die - experience [ɪkˈspɪərɪəns]

erhalten (etwas) - to get (something) [tə ˈget ˈsʌmθɪŋ]

erinnerte sich - remembered [rɪˈmembəd]

erklären - to explain [tu ɪkˈspleɪn]

ernst - seriously [ˈsɪərɪəsli]

erst - at first [ət ˈfɜːst]

erstarren - to freeze [tə friːz]

erwidern - answer [ˈɑːnsə]

es - it [ɪt]

essen - to eat [tu iːt]

Essen, das - food [fuːd]

etwa - about [əˈbaʊt]

etwas - something, anything [ˈsʌmθɪŋ | ˈeniθɪŋ]

Fachbuch, das - textbook [ˈteksbʊk]

Fähigkeit, die - skill [skɪl]

fahren - to drive [tə draɪv]

Fahrer, der - driver [ˈdraɪvə]

Fahrkarte, die - ticket [ˈtɪkɪt]

Fahrrad, das - bike [baɪk]

Fahrrad fahren, mit dem Fahrrad fahren - to go by bike, to ride a bike [tə gəʊ baɪ baɪk | tə raɪd ə baɪk]

fallen - to fall [tə fɔ:l]

fiel - fell [fel]

Fall, der - fall [fɔ:l]

fallend - falling ['fɔ:lɪŋ]

Fallschirm, der - parachute ['pærəʃu:t]

Fallschirmspringer, der - parachutist ['pærəʃu:tɪst]

Familie, die - family ['fæməli]

fangen - to catch [tə kætʃ]

Feier, die - ceremony ['serɪməni]

Feld, das - field [fi:ld]

Fenster, das - window ['wɪndəʊ]

Fenster, die - windows ['wɪndəʊz]

Fernseher, der - TV-set [ˌti:'vi: set]

fertig - finished; ready ['fɪnɪʃt | 'redi]

Feuer, das - fire ['faɪə]

feuern - to fire [tə 'faɪə]

Film, der - film [fɪlm]

Finanzwissenschaft, die - finance ['faɪnæns]

finden - to find [tə faɪnd]

Firma, die - firm [fɜ:m]

Firmen, die - firms [fɜ:mz]

fließend - fluently ['flu:əntli]

flog weg - flew away [flu: ə'weɪ]

Flugschau, die - airshow ['eəʃəʊ]

Flugzeug, das - airplane ['eəpleɪn]

Fluss, der - to flow [tə fləʊ]

Formular, das - form ['fɔ:m]

fortführen - to continue [tə kən'tɪnju:]

Fortsetzung folgt - to be continued [tə bi kən'tɪnju:d]

Foto, das - picture ['pɪktʃə]

fotografieren - to photograph [tə 'fəʊtəgra:f]

Fotograf, der - photographer [fə'tɒgrəfə]

Fragebogen, der - questionnaire [ˌkwestʃə'neə]

Frau, die - woman ['wʊmən]

Fräulein, das - Miss [mɪs]

frei - free [fri:]

Freizeit, die; freie Zeit, die - free time [fri: 'taɪm]

freisetzen - to set free [tə set fri:]

fremd - strange [streɪndʒ]

Freund, der - friend ['frend]

Freundin, die - girlfriend ['gɜ:lfrend]

freundlich - friendly ['frendli]

froh - glad [glæd]

Frühstück, das - breakfast ['brekfəst]

frühstücken - to have breakfast [tə həv 'brekfəst]

fuhr - drove [drəʊv]

fuhr los - started to drive ['sta:tɪd tə draɪv]

führen - running ['rʌnɪŋ]

Führer, der - leader ['li:də]

Führerschein, der - driving license ['draɪvɪŋ 'laɪsns]

füllen - to fill up [tə fɪl ʌp]

fünf - five [faɪv]

fünfter - fifth ['fɪfθ]

fünfundzwanzig - twenty-five ['twenti faɪv]

fünfzehn - fifteen [ˌfɪf'ti:n]

für - for [fɔ:]

Fuß, der - foot [fʊt]

zu Fuß - on foot [ɒn fʊt]

füttern - to feed [tə fi:d]

gab - gave [geɪv]

Garten, der - garden ['ga:dn]

Gas, das - gas [gæs]

Gast, der - guest [gest]

Gastgeber, der - host [həʊst]

geantwortet - answered [ˈɑːnsəd]

gearbeitet - worked [ˈwɜːkt]

geben - to hand [tə hænd]

gebracht - taken [ˈteɪkən]

gefallen - to like [tə ˈlaɪk]

gefragt - asked [ˈɑːskt]

Gefühl, das - feeling [ˈfiːlɪŋ]

gefunden - found [faʊnd]

gegen - against [əˈgenst]

Geheimnis, das - secret [ˈsiːkrɪt]

gehen - to walk [tə wɔːk]

gelb - yellow [ˈjeləʊ]

Geld, das - money [ˈmʌni]

geliebt - loved [ˈlʌvd]

Genesung, die; Rehabilitation, die - rehabilitation [ˌriːəˌbɪlɪˈteɪʃn]

geöffnet - opened [ˈəʊpənd]

gerufen - cried [kraɪd]

gesäubert - cleaned [kliːnd]

Geschichte, die - story [ˈstɔːri]

Geschlecht, das - sex [seks]

geschlossen - closed [kləʊzd]

Geschwindigkeit, die - speed [spiːd]

Gesicht, das - face [feɪs]

gestern - yesterday [ˈjestədi]

gestohlen - stolen [ˈstəʊlən]

gesund pflegen - to rehabilitate [tə ˌriːəˈbɪlɪteɪt]

Gesundheit, die - health [helθ]

getroffen, kennengelernt - met [met]

gewöhnlich - usual [ˈjuːʒʊəl]

Glas, das - glass [ˈglɑːs]

glauben - to believe [tə bɪˈliːv]

Glück, das - happiness [ˈhæpɪnəs]

glücklich - happy [ˈhæpi]

grau - grey [greɪ]

grauhaarig - grey-headed [greɪ ˈhedɪd]

groß - big [bɪg]

größer - bigger [ˈbɪgə]

grün - green [ˈgriːn]

Grund, der - reason [ˈriːzən]

Gummi, der - rubber [ˈrʌbə]

gut - good, well [gʊd | wel]

gut, alles klar - OK, well [ˌəʊˈkeɪ | wel]

Haar, das - hair [heə]

haben - to have [tə hæv]

halb - half [hɑːf]

hallo - hello, hi [həˈləʊ | haɪ]

Handarbeit, die - manual work [ˈmænjʊəl ˈwɜːk]

Handschellen, die - handcuffs [ˈhændkʌfs]

Handy, das - mobile [ˈməʊbaɪl]

hassen - to hate [tə heɪt]

hatte - had [hæd]

Haupt-, zentral - central [ˈsentrəl]

Haus, das - house [ˈhaʊs]

Hausaufgaben, die - homework [ˈhəʊmwɜːk]

Haustier, das - pet [pet]

heimlich - secretly [ˈsiːkrɪtli]

Helfer, der - helper [ˈhelpə]

Herausgeber, der - editor [ˈedɪtə]

Herr, Hr. - mister, Mr. [ˈmɪstə | ˈmɪstə]

herstellen - to produce [tə prəˈdjuːs]

heulend - howling ['haʊlɪŋ]

heute - today [tə'deɪ]

hier - here [hɪə]

hierher - here [hɪə]

hier ist - here is [hɪə ɪz]

Hilfe, die - help [help]

helfen - to help [tə help]

hindurch - through [θruː]

hinter - behind [bɪ'haɪnd]

hoch - high [haɪ]

hochachtungsvoll - yours sincerely [jɔːz sɪn'sɪəli]

Hof, der - yard [jɑːd]

Hoffnung, die - hope [həʊp]

hoffen - to hope [tə həʊp]

hören - to listen [tə 'lɪsn]

hörte - heard [hɜːd]

Hose, die - trousers ['traʊzəz]

Hotel, das - hotel [ˌhəʊ'tel]

Hotels, die - hotels [ˌhəʊ'telz]

Hund, der - dog [dɔg]

hundert - hundred ['hʌndrəd]

hungrig - hungry ['hʌngri]

Hut, der - hat [hæt]

ich - I ['aɪ]

Idee, die - idea [aɪ'dɪə]

ihm - him [hɪm]

ihr - their [ðeə]

ihr Buch - her book [hə bʊk]

Imbiss, der - snack [snæk]

immer - always ['ɔːlweɪz]

in - in [ɪn]

in - inside [ɪn'saɪd]

in - into ['ɪntə]

in der Zwischenzeit - meanwhile ['miːnwaɪl]

Information, die; Angabe, die - information [ˌɪnfə'meɪʃn]

informieren, mitteilen - to inform [tu ɪn'fɔːm]

informierte - informed [ɪn'fɔːmd]

Ingenieur, der - engineer [ˌendʒɪ'nɪə]

Inserat, das - ad [æd]

intelligent - smart [smɑːt]

interessant - interesting ['ɪntrəstɪŋ]

irgendwelche - any ['eni]

ja - yes [jes]

Jacke, die - jacket ['dʒækɪt]

Jahr, das - year ['jiə]

Jahreszeit, die - season ['siːzn]

jeder, jede, jedes - every ['evri]

jemand - somebody ['sʌmbədi]

jener, jene, jenes - that [ðæt]

jetzt, zurzeit, gerade - now [naʊ]

Journalist, der - journalist ['dʒɜːnəlɪst]

jung - young [jʌŋ]

Junge, der - boy, guy [ˌbɔɪ | gaɪ]

Kabel, das - cable ['keɪbl]

Kaffee, der - coffee ['kɔfi]

kalt - cold [kəʊld]

Kälte, die - coldness ['kəʊldnəs]

Kanada - Canada ['kænədə]

Känguru, das - kangaroo [ˌkæŋgə'ruː]

Kapitän, der - captain ['kæptɪn]

Karte, die - map [mæp]

Kasse, die - cash register, [kæʃ 'redʒɪstə]

Kassierer, der - cashier, teller [kæ'ʃɪə | 'telə]

Kätzchen, das - kitten ['kɪtn]

Katze, die - cat [kæt]

kaufen - to buy [tə baɪ]

kennen - to know [tə nəʊ]

kennengelernt - learned about [lɜːnd əˈbaʊt]

Kessel, der - kettle [ˈketl]

Kilometer, der - kilometer [kəˈlɑːmətə]

Kind, das - child [tʃaɪld]

Kinder, die - children [ˈtʃɪldrən]

Kindergarten, der - kindergarten [ˈkɪndəɡɑːtn]

Kiste, die - box [bɒks]

klar, sicher - sure [ʃʊə]

Klasse, die - class [klɑːs]

Klassenzimmer, das - classroom [ˈklæsruːm]

Kleidung, die - clothes [kləʊðz]

klein - little, small [ˈlɪtl | smɔːl]

klingeln - to ring [tə rɪŋ]

Klingeln, das - ring [rɪŋ]

klingelte - rang [ræŋ]

Knopf, der - button [ˈbʌtn]

Koch, der / Köchin, die - cooker [ˈkʊkə]

kochend - cooking [ˈkʊkɪŋ]

Kollege, der - colleague [ˈkɒliːɡ]

kommen - come, go [kʌm | ɡəʊ]

kommen in - to join [tə dʒɔɪn]

können - can [kæn]

könnte - could [kʊd]

Kontrolle, die - control [kənˈtrəʊl]

kontrollieren - to check [tə tʃek]

Koordination, die - co-ordination [kəʊˌɔːdɪˈneɪʃən]

Kopf, der - head [hed]

Kopfarbeit, die - mental work [ˈmentl ˈwɜːk]

kosten - to cost [tə kɒst]

kreativ - creative [kriːˈeɪtɪv]

Krieg, der - war [wɔː]

Kristall, das - crystal [ˈkrɪstl]

Krug, der - jar [dʒɑː]

Küche, die - kitchen [ˈkɪtʃɪn]

Kunde, der - customer [ˈkʌstəmə]

Kunst, die - art [ɑːt]

Künstler, der - artist [ˈɑːtɪst]

Kurs, der - course [kɔːs]

kurz - short [ʃɔːt]

küssen - to kiss [tə kɪs]

Küste, die - seashore, shore [ˈsiːʃɔː | ʃɔː]

Lächeln, das - smile [smaɪl]

lächeln - to smile [tə smaɪl]

lächelte - smiled [smaɪld]

lachen - to laugh [tə lɑːf]

laden - to load [tə ləʊd]

Laden, der - shop [ʃɒp]

Läden, die - shops [ʃɒps]

Land, das - country [ˈkʌntri]

landen - to land [tə lænd]

lang - long [ˈlɒŋ]

langsam - slowly [ˈsləʊli]

Laser, der - laser [ˈleɪzə]

lass uns - let us [let əz]

lassen - to let [tə let]

Lastwagen, der - truck [trʌk]

laufen - walking [ˈwɔːkɪŋ]

laut - aloud [əˈlaʊd]

Leben, das - life [laɪf]

leben, wohnen - to live [tə ˈlaɪv]

lebte - lived [lɪvd]

lecker - tasty [ˈteɪsti]

ledig - single [ˈsɪŋgl]

leer - blank, empty [blæŋk | ˈempti]

legen - to place [tə ˈpleɪs]

Lehrer, der - teacher [ˈtiːtʃə]

leicht - slightly [ˈslaɪtli]

leid tun - to be sorry [tə bi ˈsɔri]

leise - silent, silently [ˈsaɪlənt | ˈsaɪləntli]

Lektion, die - lesson [ˈlesn]

lenken - to steer [tə stɪə]

lernen - to learn [tə lɜːn]

lesen - to read [tə riːd]

lesend - reading [ˈriːdɪŋ]

liebe - dear [dɪə]

Liebe, die - love [ˈlʌv]

lieben - to love [tə ˈlʌv]

Lieblings- - favourite [ˈfeɪvərɪt]

Lieblingsfilm, der - favourite film [ˈfeɪvərɪt fɪlm]

links - left [left]

Liste, die - list [lɪst]

Lösung, die - solution, answer [səˈluːʃn | ˈɑːnsə]

Löwe, der - lion [ˈlaɪən]

Luft, die - air [eə]

lustig - funny [ˈfʌni]

machen - to make, to do [tə ˈmeɪk | tə duː]

machte an - switched on [swɪtʃt ɔn]

Mädchen, das - girl [gɜːl]

Mama; Mutter, die - mom, mother [mɔm | ˈmʌðə]

manchmal, ab und zu - sometimes [ˈsʌmtaɪmz]

Mann, der - man [mæn]

männlich - male [meɪl]

Mannschaft, die - team [tiːm]

Maschine, die - machine [məˈʃiːn]

Matratze, die - mattress [ˈmætrɪs]

medizinisch - medical [ˈmedɪkl]

Meer, das - sea [siː]

mehr - more [mɔː]

mein, meine, mein - my [maɪ]

Mensch, der - human [ˈhjuːmən]

Menschen, die - people [ˈpiːpl]

Metall, das - metal [ˈmetl]

Meter, der - meter [ˈmiːtə]

Methode, die - method [ˈmeθəd]

mich - me [miː]

Miezekatze, die - pussycat [ˈpʊsɪkæt]

Mikrofon, das - microphone [ˈmaɪkrəfəʊn]

Minute, die - minute [maɪˈnjuːt]

mit - with [wɪð]

Mitglied, das - member [ˈmembə]

Möbel, die - furniture [ˈfɜːnɪtʃə]

mögen, lieben - to like, to love [tə ˈlaɪk | tə ˈlʌv]

möglich - possible [ˈpɔsəbl]

Möglichkeit, die - possibility [ˌpɔsəˈbɪlɪti]

Moment, der - moment [ˈməʊmənt]

monoton - monotonous [məˈnɔtənəs]

Montag, der - Monday [ˈmʌndeɪ]

Mörder, der - killer [ˈkɪlə]

morgen - tomorrow [təˈmɔrəʊ]

Morgen, der - morning [ˈmɔːnɪŋ]

Motor, der - engine [ˈendʒɪn]

müde - tired [ˈtaɪəd]

Musik, die - music ['mju:zɪk]

müssen - must [mʌst]

Muttersprache, die - native language ['neɪtɪv 'læŋgwɪdʒ]

nach - after ['ɑ:ftə]

nach - past [pɑ:st]

nach unten - down [daʊn]

Nachbar, der - neighbour ['neɪbə]

nächste - nearest ['nɪərɪst]

Nacht, die - night [naɪt]

nahe - close [kləʊz]

näher - closer ['kləʊsə]

nahm - took [tʊk]

Name, der - name ['neɪm]

nennen - to name [tə 'neɪm]

Nase, die - nose [nəʊz]

nass - wet [wet]

Nationalität, die - nationality [ˌnæʃə'næləti]

Natur, die - nature ['neɪtʃə]

natürlich - of course [əv kɔ:s]

nehmen - to take [tə teɪk]

nein - no [nəʊ]

neu - new [nju:]

neun - nine [naɪn]

neunter - ninth [naɪnθ]

nicht - not [nɔt]

nichts - nothing ['nʌθɪŋ]

nie - never ['nevə]

niemand - nobody ['nəʊbədi]

noch - yet [jet]

noch einen - one more [wʌn mɔ:]

noch, weiterhin - still [stɪl]

Nordamerika und Eurasien - North America and Eurasia [nɔ:θ ə'merɪkə ənd jʊə'reɪʒə]

normal - usual ['ju:ʒʊəl]

normalerweise - usually ['ju:ʒəli]

Notiz, die - note [nəʊt]

Notizbuch, das - notebook ['nəʊtbʊk]

Notizbücher, die - notebooks ['nəʊtbʊks]

Nummer, die - number ['nʌmbə]

nur - only ['əʊnli]

ob - if [ɪf]

obwohl, trotzdem - although [ɔ:l'ðəʊ]

öffnen - to open [tu 'əʊpən]

öffnete - opened ['əʊpənd]

oft - often ['ɔfn]

ohne - without [wɪð'aʊt]

wortlos - without a word [wɪð'aʊt ə 'wɜ:d]

Ohr, das - ear [ɪə]

okay, gut - okay, well [ˌəʊ'keɪ | wel]

Öl, das - oil [ɔɪl]

Panik, die - panic ['pænɪk]

Papa - daddy ['dædi]

Papier, das - paper ['peɪpə]

Park, der - park [pɑ:k]

Parks, die - parks [pɑ:ks]

passend - suitable ['su:təbl]

passieren - to happen [tə 'hæpən]

passiert - happened ['hæpənd]

Patrouille, die; Streife, die - patrol [pə'trəʊl]

Pause, die - break, pause [breɪk | pɔ:z]

Person, die - person ['pɜ:sn]

Personalabteilung, die - personnel department [ˌpɜ:sə'nel dɪ'pɑ:tmənt]

persönlich - personal ['pɜ:sənl]

Piepton, der - beep [bi:p]
Pilot, der - pilot ['paɪlət]
Plan, der - plan [plæn]
planen - to plan [tə plæn]
Planet, der - planet ['plænɪt]
Platz, der - square [skweə]
plötzlich - suddenly [sʌdnli]
Polen - Poland ['pəʊlənd]
Polizei, die - police [pə'li:s]
Polizeihauptmeister, der - sergeant ['sɑ:dʒənt]
Polizist, der - officer, policeman ['ɔfɪsə | pə'li:smən]
Position, die - position [pə'zɪʃn]
Preis, der - price [praɪs]
pro Stunde - per hour [pɜ: 'aʊə]
Problem, das - problem ['prɔbləm]
Programm, das - program ['prəʊgræm]
Programmierer, der - programmer ['prəʊgræmə]
Prüfung, die - test ['test]
prüfen - to test [tə 'test]
Publikum, das - audience ['ɔ:dɪəns]
Puppe, die - doll [dɔl]
putzen - to wash [tə wɔʃ]
Rad, das - wheel ['wi:l]
Radar, der - radar ['reɪdɑ:]
Radio, das - radio ['reɪdɪəʊ]
rasen - to speed [tə spi:d]
Raser, der - speeder ['spi:də]
raste - rushed [rʌʃt]
Rätsel, das - mystery ['mɪstəri]
Ratte, die - rat [ræt]
Raumschiff, das - spaceship ['speɪsʃɪp]

rechts - right [raɪt]
Rede, die - speech [spi:tʃ]
Regel, die - rule [ru:l]
Regen, der - rain [reɪn]
reiben - to rub [tə rʌb]
reisen - to travel [tə 'trævl]
rennen, joggen, laufen - to run [tə rʌn]
retten - to rescue, to save [tə 'reskju: | tə seɪv]
Rettungsdienst, der - rescue service ['reskju: 'sɜ:vɪs]
richtete - pointed ['pɔɪntɪd]
richtig - correct, correctly [kə'rekt | kə'rektli]
riefen an - called [kɔ:ld]
rot - red [red]
Rubrik, die - rubric ['ru:brɪk]
rund - round ['raʊnd]
Saatgut, das - seed [si:d]
sagen - to tell, to say [tə tel | tə 'seɪ]
sagte - said ['sed]
sahen - saw ['sɔ:]
Samstag, der - Saturday ['sætədeɪ]
Sand, der - sand [sænd]
Sandwich, das - sandwich ['sænwɪdʒ]
Sänger, der - singer ['sɪŋə]
Satz, der - phrase [freɪz]
sauber - clean [kli:n]
sauber machen, putzen - to clean [tə kli:n]
schauen, betrachten - to look [tə lʊk]
schaukeln - to pitch [tə pɪtʃ]
schaute - looked [lʊkt]
schickte - sent [sent]
Schiff, das - ship [ʃɪp]

schlafen - to sleep [tə sli:p]

schlagen - to hit, to beat [tə hɪt | tə bi:t]

Schlange, die - queue [kju:]

schlau - clever, sly ['klevə | slaɪ]

schlecht - bad [bæd]

schließen - to close [tə kləʊz]

schließlich - at last [ət lɑ:st]

schlucken, hinunterschlucken - to swallow [tə 'swɔləʊ]

Schlüssel, der - key [ki:]

schnell - quick, quickly [kwɪk | 'kwɪkli]

schon - already [ɔ:l'redi]

schön - nice [naɪs]

schoss; angeschossen - shot [ʃɔt]

schreiben - to write [tə 'raɪt]

Schreibtisch, der - desk [desk]

schrieb - wrote [rəʊt]

Schriftsteller, der - writer ['raɪtə]

Schritt, der - step [step]

Schule, die - school [sku:l]

schütten - to pour [tə pɔ:]

Schwanz, der - tail [teɪl]

schwarz - black [blæk]

Schweizer - Swiss [swɪs]

schwer - difficult, hard ['dɪfɪkəlt | hɑ:d]

Schwester, die - sister ['sɪstə]

schwimmen - to swim [tə swɪm]

sechs - six [sɪks]

sechster - sixth [sɪksθ]

sechzig - sixty ['sɪksti]

See, der - lake [leɪk]

sehen - to see [tə 'si:]

sehr - very ['veri]

sein - to be [tə bi]

sein, seine - its; his [ɪts | hɪz]

seit - since [sɪns]

Sekretärin, die - secretary ['sekrətəri]

selten - seldom ['seldəm]

Serie, die - serial ['sɪərɪəl]

setzen - to sit [tə sɪt]

sich anziehen - to put on [tə 'pʊt ɔn]

angezogen - dressed [drest]

sich bewerben - to apply [tu ə'plaɪ]

sich entschuldigen - to excuse [tu ɪk'skju:z]

sich hinsetzen - to sit down [tə sɪt daʊn]

sich kennen - to know each other [tə nəʊ i:tʃ 'ʌðə]

sich kümmern um - to care [tə keə]

sich schämen - to be ashamed [tə bi ə'ʃeɪmd]

sich Sorgen machen - to worry [tə 'wʌri]

sich umsehen - to look around [tə lʊk ə'raʊnd]

sich unterhalten - to talk [tə 'tɔ:k]

sich verstecken - to hide [tə haɪd]

Sicherheitsgurt, der - seat belts [si:t belts]

sie - she; they [ʃi | 'ðeɪ]

sieben - seven ['sevn]

siebter - seventh ['sevnθ]

siebzehn - seventeen (hour) [ˌsevn'ti:n 'aʊə]

singen - sing [sɪŋ]

Sirene, die - siren ['saɪərən]

Situation, die - situation [ˌsɪtʃʊ'eɪʃn]

Sitz, der - seat [si:t]

sich hinsetzen - to take a seat [tə teɪk ə si:t]

sofort - immediately [ɪ'mi:dɪətli]

Sohn, der - son [sʌn]

sorgfältig - careful [ˈkeəfʊl]
Spaniel, der - spaniel [ˈspænɪəl]
spanisch - Spanish [ˈspænɪʃ]
Spaß, der - fun [fʌn]
Spaß haben, genießen - enjoy [ɪnˈdʒɔɪ]
spielen - to play [tə ˈpleɪ]
Spielzeug, das - toy [tɔɪ]
Sport, der - sport; [spɔːt]
Sportgeschäft, das - sport shop [spɔːt ʃɔp]
Sportfahrrad, das - sport bike [spɔːt baɪk]
Sprache, die - language [ˈlæŋgwɪdʒ]
sprechen - to speak [tə spiːk]
springen - to jump [tə dʒʌmp]
Sprung, der - jump [dʒʌmp]
Stadt, die - city, town [ˈsɪti | taʊn]
Stand, der - status [ˈsteɪtəs]
Standard, der - standard [ˈstændəd]
stark - strong, strongly [strɔŋ | ˈstrɔŋli]
Stärke, die - strength [streŋθ]
stattdessen - instead [ɪnˈsted]
Stechmücke, die - mosquito [məˈskiːtəʊ]
stehen - to stand [tə stænd]
stehlen - to steal [tə stiːl]
Stein, der - stone [stəʊn]
sterben - to die [tə daɪ]
starb - died [daɪd]
Stern, der - star [stɑː]
Sternchen, das - asterisk [ˈæstərɪsk]
Stift, der - pen [pen]
Stifte, die - pens [penz]
Stimme, die - voice [vɔɪs]
stinkend - stinking [ˈstɪŋkɪŋ]
stoßen, ziehen - to push [tə pʊʃ]

Straße, die - road, street [rəʊd | striːt]
Straßen, die - streets [striːts]
Strom, der - current [ˈkʌrənt]
Student, der - student [ˈstjuːdnt]
Studenten, die - students [ˈstjuːdnts]
Studentenwohnheim, das - dorms [ˈdɔːmz]
studieren - to study [tə ˈstʌdi]
Stuhl, der - chair [tʃeə]
Stunde, die - hour [ˈaʊə]
stündlich - hourly [ˈaʊəli]
super, toll - great [ˈgreɪt]
Supermarkt, der - supermarket [ˈsuːpəmɑːkɪt]
Tablette, die - pill [pɪl]
Tag, der - day [deɪ]
täglich, jeden Tag - daily [ˈdeɪli]
Tanker, der - tanker [ˈtæŋkə]
tanzen - to dance [tə dɑːns]
tanzend - dancing [ˈdɑːnsɪŋ]
Tasche, die - bag, pocket [bæg | ˈpɔkɪt]
Tasse, die - cup [kʌp]
Tastatur, die - keyboard [ˈkiːbɔːd]
tat - did [dɪd]
tausend - thousand [ˈθaʊznd]
Taxi, das - taxi [ˈtæksi]
Taxifahrer, der - taxi driver [ˈtæksi ˈdraɪvə]
Tee, der - tea [tiː]
Teil, der - part [pɑːt]
teilnehmen - to take part [tə teɪk pɑːt]
Teilnehmer, der - participant [pɑːˈtɪsɪpənt]
Telefon, das - telephone [ˈtelɪfəʊn]
telefonieren - to telephone [tə ˈtelɪfəʊn]

Telefonhörer, der	phone handset [fəʊn 'hændset]
Teller, der	plate [pleɪt]
Text, der	text [tekst]
Tier, das	animal ['ænɪml]
Tierarzt, der	vet [vet]
Tiger, der	tiger ['taɪgə]
Tisch, der	table ['teɪbl]
Tische, die	tables ['teɪblz]
Tochter, die	daughter ['dɔ:tə]
tödlich	deadly ['dedli]
Toilette, die	toilet ['tɔɪlɪt]
tötete, getötet	killed [kɪld]
trainieren	to train [tə treɪn]
trainiert	trained [treɪnd]
Transport, der	transport [træns'pɔ:t]
trat	stepped [stept]
Traum, der	dream [dri:m]
träumen	to dream [tə dri:m]
traurig	sad [sæd]
treffen, kennenlernen	to meet [tə mi:t]
treiben	floating, to float ['fləʊtɪŋ | tə fləʊt]
Treppe, die	stairs [steəz]
Tresor, der	safe [seɪf]
treten	to step [tə step]
Trick, der	trick [trɪk]
trinken	to drink [tə drɪŋk]
trocknen	to dry [tə draɪ]
trocken	dry [draɪ]
tschüss	bye [baɪ]
Tür, die	door [dɔ:]
über	over, across ['əʊvə | ə'krɔs]
Überfall, der	robbery ['rɔbəri]
übergreifen	to spread [tə spred]
Überraschung, die	surprise [sə'praɪz]
überraschen	to surprise [tə sə'praɪz]
überrascht, verwundert	surprised [sə'praɪzd]
Übersetzer, der	translator [trænz'leɪtə]
übrigens	by the way [baɪ ðə 'weɪ]
Uhr	o'clock [ə'klɔk]
Uhr, die	watch [wɔtʃ]
um eins	at one o'clock [ət wʌn ə'klɔk]
und	and [ænd]
Unfall, der	accident ['æksɪdənt]
ungerecht	unfair [ˌʌn'feə]
uns	us [əz]
unser	our ['aʊə]
unter	under ['ʌndə]
unterstreichen	to underline [tu ˌʌndə'laɪn]
usw.	etc. [et'setrə]
Vater, der	dad [dæd]
Verbrecher, der	criminal ['krɪmɪnl]
verdammt	damn [dæm]
verdienen	to earn [tu ɜ:n]
Verein, der	club [klʌb]
Vereinbarung, die	agreement [ə'gri:mənt]
Vereinigten Staaten, die; USA, die	the United States/the USA [ðə ju'naɪtɪd steɪts ðə ˌju:ˌes'eɪ]
Verfolgung, die	pursuit [pə'sju:t]
vergessen	to forget [tə fə'get]
verkaufen	to sell [tə sel]
Verkäufer, der; Verkäuferin, die	shop assistant [ʃɔp ə'sɪstənt]
Verlag, der	publishing ['pʌblɪʃɪŋ]
verlassen	to leave [tə li:v]

verlieren - to loose [tə luːs]

verschieden - different ['dɪfrənt]

verstanden - understood [ˌʌndə'stʊd]

versteckte - hid [hɪd]

verstehen - to understand [tu ˌʌndə'stænd]

versuchen - to try [tə 'traɪ]

versuchte - tried ['traɪd]

verwirrt - confused [kən'fjuːzd]

Videokassette, die - videocassette ['vɪdiokæˌset]

Videothek, die - video-shop ['vɪdɪəʊ ʃɒp]

viel - many, much ['meni | 'mʌtʃ]

viel zu tun haben - to have a lot of work [tə həv ə lɒt əv 'wɜːk]

viele - much, many ['mʌtʃ | 'meni]

vier - four [fɔː]

vierte - fourth ['fɔːθ]

vierundvierzig - forty-four ['fɔːti fɔː]

Vogel, der - bird [bɜːd]

voll - full [fʊl]

vor - before; ago [bɪ'fɔː | ə'gəʊ]

vor einem Jahr - a year ago [ə 'jɪər ə'gəʊ]

vor allem - especially [ɪ'speʃəli]

vorbei - past [pɑːst]

vorbereiten - to prepare [tə prɪ'peə]

vorgeben; so tun, als ob - to pretend [tə prɪ'tend]

vorn - front [frʌnt]

Vorderräder, die - front wheels [frʌnt 'wiːlz]

vorsichtig - carefully ['keəfəli]

wackelte - shook [ʃʊk]

Waffe, die - gun [gʌn]

wählen, aussuchen - to choose [tə tʃuːz]

während - while [waɪl]

Wal, der - whale [weɪl]

war - was [wɒz]

waren - were [wɜː]

warm - warm [wɔːm]

warten - to wait [tə weɪt]

wartete - waited ['weɪtɪd]

was - what ['wɒt]

Was ist das? - What is this? ['wɒt s ðɪs]

Welcher Tisch? - What table? ['wɒt 'teɪbl]

Was ist los? - What is the matter? ['wɒt s ðə 'mætə]

waschen - to wash [tə wɒʃ]

Waschmaschine, die - washer ['wɒʃə]

Wasser, das - water ['wɔːtə]

Wasserhahn, der - tap [tæp]

Website, die - Internet site ['ɪntənet saɪt]

weg - away [ə'weɪ]

Weg, der - way ['weɪ]

weggehen - to go away [tə gəʊ ə'weɪ]

weglaufen - run away [rʌn ə'weɪ]

weiblich - female ['fiːmeɪl]

weil - because [bɪ'kɒz]

weinen, schreien, rufen - to cry [tə kraɪ]

weiß - white [waɪt]

weit - far ['fɑː]

weiter - further ['fɜːðə]

Welle, die - wave [weɪv]

Welpe, der - puppy ['pʌpi]

Welt, die - world [wɜːld]

Weltall, das - space [speɪs]

weniger - less [les]

wenigstens - at least [ət liːst]

wenn - when [wen]

wer - who [huː]
Werbung, die - advert ['ædvɜːt]
werden - will [wɪl]
wessen - whose [huːz]
Wetter, das - weather ['weðə]
wichtig - important [ɪm'pɔːtnt]
wie - as [æz]
wie - how ['haʊ]
wieder - again [ə'gen]
Wind, der - wind [wɪnd]
wir - we [wi]
wirklich - real, really [rɪəl | 'rɪəli]
wo - where [weə]
Woche, die - week [wiːk]
wohnhaft - living ['lɪvɪŋ]
wollen - to want [tə wɔnt]
wollte - wanted ['wɔntɪd]
Wort, das; Vokabel, die - word ['wɜːd]
Wörter, die; Vokabeln, die - words ['wɜːdz]
wunderbar - wonderful ['wʌndəfəl]
wunderschön - beautiful ['bjuːtəfl]
wusste - knew [njuː]
wütend - angrily, angry [angrəli | 'æŋgri]
zahlen - to pay [tə peɪ]
Zebra, das - zebra ['zebrə]
zehn - ten [ten]

zehnter - tenth [tenθ]
zeigen - to show [tə ʃəʊ]
zeigte - showed [ʃəʊd]
Zeit, die - time ['taɪm]
Zeitschrift, die - magazine [ˌmægə'ziːn]
Zeitung, die - newspaper ['njuːspeɪpə]
Zentrum, das - centre ['sentə]
zerstören - destroy [dɪ'strɔɪ]
ziehen - to pull [tə pʊl]
ziemlich - quite [kwaɪt]
Zimmer, das - room [ruːm]
Zimmer, die - rooms [ruːmz]
zittern - to shake [tə ʃeɪk]
Zoo, der - zoo [zuː]
Zug, der - train [treɪn]
Zuhause, das - home [həʊm]
zukünftig - future ['fjuːtʃə]
zurück - back [bæk]
zusammen - together [tə'geðə]
zwanzig - twenty ['twenti]
zwei - two [tuː]
zweimal - twice [twaɪs]
zweiter Name - middle name ['mɪdl 'neɪm]
zweiter - second ['sekənd]
zwischen - between [bɪ'twiːn]
zwölf - twelve [twelv]

Irregular Verbs

Die unregelmäßigen Verben

Infinitive	Past Tense	Past Participle	German
abide	abode	abode	bleiben, fortdauern
arise	arose	arisen	entstehen
awake	awoke / awaked	awoke / awaked / awoken	(auf)wecken
be	was, were	been	sein
bear	bore	born(e)	gebären, ertragen
beat	beat	beaten	schlagen, besiegen
become	became	become	werden
beget	begot	begotten	erzeugen, hervorbringen
begin	began	begun	anfangen
belay	belaid	belayed	festmachen
bend	bent	bent	biegen
bereave	bereaved	bereft	berauben
beseech	besought	besought	ersuchen, anflehen
bet	bet	bet	wetten
bid	bade / bid	bidden / bid	einladen, setzen (Kartenspiel)
bind	bound	bound	binden
bite	bit	bit, bitten	beißen
bleed	bled	bled	bluten
blow	blew	blown	blasen
break	broke	broken	(zer)brechen
breed	bred	bred	verursachen
bring	brought	brought	bringen
broadcast	broadcast	broadcast	senden / übertragen
build	built	built	bauen
burn	burnt (burned)	burnt (burned)	(ver)brennen
burst	burst	burst	platzen
buy	bought	bought	kaufen

can	could	-	können
cast	cast	cast	auswerfen, werfen
catch	caught	caught	fangen
chide	chide	chidden	(aus)schimpfen, tadeln
choose	chose	chosen	(aus)wählen
cleave	clove / cloven	cleft	(zer)teilen, (zer)schneiden, (zer)spalten
cling	clung	clung	kleben, haften
clothe	clothed / clad+	clothed / clad+	(an-, be-, ein-) kleiden
come	came	come	kommen
cost	cost	cost	kosten
creep	crept	crept	kriechen, schleichen
crow	crowed / crew	crowed	a. (rum)krähen (Kinder, Hahn) / b. protzen, prahlen
cut	cut	cut	schneiden
dare	dared / durst	dared	(sich etwas) trauen, wagen
deal	dealt	dealt	handeln
dig	dug	dug	graben
do	did	done	tun
draw	drew	drawn	zeichnen, ziehen
dream	dreamt (dreamed)	dreamt (dreamed)	träumen
drink	drank	drunk	trinken
drive	drove	driven	fahren
dwell	dwelt	dwelt	wohnen, leben
eat	ate	eaten	essen
fall	fell	fallen	fallen
feed	fed	fed	füttern
feel	felt	felt	(sich) fühlen
fight	fought	fought	kämpfen
find	found	found	finden
fit	fit	fit	passen

flee	fled	fled	fliehen
fling	flung	flung	schleudern
fly	flew	flown	fliegen
forbear	forbore	forborne	unterlassen, enthalten, Abstand nehmen
forbid	forbade	forbidden	verbieten / untersagen
forego	forewent	forgone	verzichten auf; aufgeben; Abstand nehmen von
forget	forgot	forgotten	vergessen
forgive	forgave	forgiven	verzeihen, vergeben
forsake	forsook	forsaken	aufgeben, verlassen, im Stich / hinter sich lassen
freeze	froze	frozen	frieren
geld	gelded	gelt	a. kastrieren b. verschneiden
get	got	got(ten, AE)	bekommen
give	gave	given	geben
go	went	gone	gehen, fahren
grind	ground	ground	schleifen
grow	grew	grown	wachsen, anbauen
hang	hung	hung	(auf)hängen
have	had	had	haben
hear	heard	heard	hören
heave	hove	hove	heben
hide	hid	hidden	verstecken
hit	hit	hit	schlagen, treffen
hold	held	held	halten
hurt	hurt	hurt	verletzen
input	input (inputted)	input (inputted)	(Passwort) eingeben
keep	kept	kept	halten
knit	knit (knitted)	knit (knitted)	stricken
kneel	knelt	knelt	knien
know	knew	known	wissen

lay	laid	laid	legen
lead	led	led	leiten, führen
lean	leant	leant	lehnen
leap	leapt	leapt	springen
learn	learnt (learned)	learnt (learned)	lernen
leave	left	left	(weg)gehen, (ver)lassen
lend	lent	lent	leihen
let	let	let	lassen
lie	lay	lain	liegen
light	lit (lighted)	lit (lighted)	anzünden / entzünden)
lose	lost	lost	verlieren
make	made	made	machen
may	might	-	können
mean	meant	meant	meinen
meet	met	met	treffen
misunderstand	misunderstood	misunderstood	missverstehen
mow	mowed	mown (mowed)	mähen
must	had to	had to	müssen, dürfen
offset	offset	offset	ausgleichen
pay	paid	paid	(be)zahlen
put	put	put	legen, setzen, stellen
quit	quit	quit	beenden, kündigen
read	read	read	lesen
rend	rent	rent	zerreißen, zerfleischen
rewrite	rewrote	rewritten	neu schreiben / umschreiben
rid	rid	rid	befreien, loswerden
ride	rode	ridden	reiten, fahren
ring	rang	rung	läuten
rise	rose	risen	aufgehen/-stehen
run	ran	run	laufen, rennen
say	said	said	sagen

see	saw	seen	sehen
seek	sought	sought	(auf)suchen
sell	sold	sold	verkaufen
send	sent	sent	schicken, senden
set	set	set	setzen, stellen
sew	sewed	sewn	nähen
shake	shook	shaken	schütteln
shave	shaved	shaven (shaved)	rasieren
shed	shed	shed	abwerfen, haaren, vergießen
shine	shone	shone	scheinen
shoe	shod	shod	a. beschuhen b. beschlagen (Pferd)
shoot	shot	shot	schießen
show	showed	shown (showed)	zeigen
shrink	shrank	shrunk	schrumpfen
shut	shut	shut	schließen
sing	sang	sung	singen
sink	sank	sunk	sinken
sit	sat	sat	sitzen
slay	slew	slain	töten, ermorden, erschlagen
sleep	slept	slept	schlafen
slide	slid	slide	gleiten
sling	slung	slung	schleudern
slink	slunk	slunk	(weg)schleichen, davonschleichen
slit	slit	slit	(auf-, zer-)schlitzen, zerschneiden
smell	smelt (smelled)	smelt (smelled)	riechen
smite	smote	smitten	quälen, schlagen
sneak	snuck (sneaked)	snuck (sneaked)	schleichen
sow	sowed	sown	sähen
speak	spoke	spoken	sprechen
speed	sped	sped (speeded)	(mit dem Auto) rasen
spell	spelt (spelled)	spelt (spelled)	buchstabieren

spend	spent	spent	verbringen, ausgeben
spill	spilt	spilt	verschütten
spin	spun	spun	drehen, spinnen
spit	spat	spat	spucken
split	split	split	teilen, spalten
spoil	spoilt	spoilt	verderben
spread	spread	spread	sich ausbreiten
spring	sprang	sprung	springen
stand	stood	stood	stehen
steal	stole	stolen	stehlen
stick	stuck	stuck	kleben
sting	stung	stung	brennen, schmerzen
stink	stank	stunk	stinken
strew	strewed	strewn (strewed)	streuen
stride	strode	stridden	schreiten, überschreiten
strike	struck	struck / stricken	stoßen, streiken
string	strung	strung	bespannen, aufreihen
strive	strove	striven	streben, (sich) bemühen
swear	swore	sworn	schwören
sweep	swept	swept	fegen
swell	swelled	swollen	(an-, auf-)schwellen, (an)steigen
swim	swam	swum	schwimmen
swing	swung	swung	schaukeln
take	took	taken	nehmen
teach	taught	taught	unterrichten
tear	tore	torn	reißen
tell	told	told	erzählen
think	thought	thought	denken
thrive	throve	thriven	a. gedeihen b. blühen
throw	threw	thrown	werfen
thrust	thrust	thrust	stechen, stoßen (mit einem Messer)

tread	trod	trodden	treten, betreten, laufen
understand	understood	understood	verstehen
undersell	undersold	undersold	unterbieten / unter Wert verkaufen
undertake	undertook	undertaken	(Aufgabe) übernehmen
wake	woke	woken	(auf)wachen
wear	wore	worn	tragen (Kleidungsstück)
weave	wove	woven	weben, flechten
weep	wept	wept	weinen
win	won	won	gewinnen
wind	wound	wound	winden, wickeln, schlängeln,
withdraw	withdrew	withdrawn	zurückziehen
wring	wrung	wrung	(aus)wringen
write	wrote	written	schreiben

Important Ajectives

Wichtige Adjektive

ambitious [æm'bɪʃəs] - ehrgeizig

annoying [ə'nɔɪŋ] - ärgerlich

anxious ['æŋkʃəs] - ängstlich

attractive [ə'træktɪv] - anziehend

beautiful ['bjuːtəfl] - schön

boring ['bɔːrɪŋ] - langweilig

brilliant ['brɪlɪənt] - geistreich

calm, quiet, silent [kɑːm | 'kwaɪət | 'saɪlənt] - ruhig

careful ['keəfʊl] - sorgfältig, vorsichtig

charming ['tʃɑːmɪŋ] - bezaubernd

cheerful, merry, gay ['tʃɪəfəl | 'merɪ | geɪ] - lustig

coarse, rude [kɔːs | ruːd] - grob

content [kən'tent] - zufrieden

cunning ['kʌnɪŋ] - schlau

curious ['kjʊərɪəs] - neugierig

diligent ['dɪlɪdʒənt] - fleißig

eager ['iːgə] - eifrig

excellent ['eksələnt] - ausgezeichnet

excited [ɪk'saɪtɪd] - aufgeregt

experienced [ɪk'spɪərɪənst] - erfahren

faithful ['feɪθfəl] - treu

fast [fɑːst] - schnell

frank, candid [fræŋk | 'kændɪd] - offen

friendly ['frendlɪ] - freundlich

funny ['fʌnɪ] - spaßig

furious ['fjʊərɪəs] - wütend

glad [glæd] - froh

grateful, thankful ['greɪtfəl | 'θæŋkfəl] - dankbar

greedy ['griːdɪ] - gierig

happy, lucky ['hæpɪ | 'lʌkɪ] - glücklich

helpful ['helpfəl] - hilfsbereit

helpless ['helpləs] - hilflos
honest ['ɔnɪst] - ehrlich
impudent ['ɪmpjʊdənt] - frech
indifferent [ɪn'dɪfrənt] - gleichgütig
intelligent [ɪn'telɪdʒənt] - klug
jealous ['dʒeləs] - eifersüchtig
loving, affectionate ['lʌvɪŋ | ə'fekʃənət] - liebevoll
mad, crazy [mæd | 'kreɪzɪ] - verrückt
mean [miːn] - geizig
moderate ['mɔdəreɪt] - gemäßigt
modest ['mɔdɪst] - bescheiden
nervous ['nɜːvəs] - nervös
nice, kind [naɪs | kaɪnd] - nett
plain [pleɪn] - einfach
polite [pə'laɪt] - höflich
pretty, nice ['prɪtɪ | naɪs] - hübsch
punctual ['pʌŋktʃʊəl] - pünktlich
pure, clean [pjʊə | kliːn] - rein
reliable [rɪ'laɪəbl] - zuverlässig
resolute ['rezəluːt] - entschlossen
respectable, decent [rɪ'spektəbl | 'diːsnt] - anständig
ridiculous [rɪ'dɪkjʊləs] - lächerlich

sad [sæd] - traurig
serious, grave ['sɪərɪəs | greɪv] - ernst
shy [ʃaɪ] - schüchtern
slow [sloʊ] - langsam
soft [sɔft] - weich
strange, odd [streɪndʒ | ɔd] - seltsam
stubborn, tough ['stʌbən | tʌf] - zäh
stupid ['stjuːpɪd] - dumm
successful [sək'sesfəl] - erfolgreich
superficial, shallow [ˌsuːpə'fɪʃl | 'ʃæloʊ] - oberflächlich
surprised [sə'praɪzd] - überrascht
sympathetic [ˌsɪmpə'θetɪk] - mitfühlend
tired ['taɪəd] - müde
ugly ['ʌglɪ] - häßlich
uneducated [ʌn'edʒʊkeɪtɪd] - ungebildet
ungrateful [ʌn'greɪtfəl] - undankbar
unhappy [ʌn'hæpɪ] - unglücklich
unjust, unfair [ʌn'dʒʌst | ˌʌn'feə] - ungerecht
violent ['vaɪələnt] - heftig
weak [wiːk] - schwach
wicked, evil ['wɪkɪd | 'iːvl] - böse
wise [waɪz] - weise
youthful ['juːθfəl] - jugendlich

Physical qualities
Körperliche Eigenschaften

big [bɪg] - groß
small oder little [smɔːl | 'lɪtl] - klein
fast [fɑːst] - schnell
slow [sloʊ] - langsam
good [gʊd] - gut
bad [bæd] - schlecht
expensive [ɪk'spensɪv] - teuer

cheap [tʃiːp] - billig
thick [θɪk] - dick
thin [θɪn] - dünn
narrow ['næroʊ] - eng
wide [waɪd], broad [brɔːd] - breit
loud [laʊd] - laut
quiet ['kwaɪət] - leise

intelligent [ɪn'telɪdʒənt] - intelligent
stupid ['stju:pɪd] - dumm
wet [wet] - nass
dry [draɪ] - trocken
heavy ['hevɪ] - schwer
light [laɪt] - leicht
hard [hɑ:d] - hart
soft [sɔft] - weich
shallow ['ʃæloʊ] - flach, seicht
deep [di:p] - tief
easy ['i:zi] - leicht
difficult ['dɪfɪkəlt] - schwierig
weak [wi:k] - schwach
strong [strɔŋ] - stark
rich [rɪtʃ] - reich
poor [pʊə] - arm

young [jʌŋ] - jung
old [oʊld] - alt
long ['lɔŋ] - lang
short [ʃɔ:t] - kurz
high [haɪ] - hoch
low [loʊ] - tief
generous ['dʒenərəs] - großzügig
mean [mi:n] - geizig
true [tru:] - richtig
false ['fɔ:ls] - falsch
beautiful ['bju:təfl] - schön
ugly ['ʌglɪ] - hässlich
new [nju:] - neu
old [oʊld] - alt
happy ['hæpɪ] - fröhlich, glücklich
sad [sæd] - traurig

Antonyms

Gegenteile

safe [seɪf] - sicher
dangerous ['deɪndʒərəs] - gefährlich
early ['ɜ:lɪ] - früh
late [leɪt] - spät
light [laɪt] - hell
dark [dɑ:k] - dunkel
open ['oʊpən] - offen, geöffnet
closed oder shut [kloʊzd | ʃʌt] - geschlossen, zu
tight [taɪt] - stramm, fest
loose [lu:s] - locker
full [fʊl] - voll
empty ['emptɪ] - leer
many ['menɪ] - viele
few [fju:] - wenige
alive [ə'laɪv] - lebendig

dead [ded] - tot
hot [hɔt] - heiß
cold [koʊld] - kalt
interesting ['ɪntrəstɪŋ] - interessant
boring ['bɔ:rɪŋ] - langweilig
lucky ['lʌkɪ] - glücklich
unlucky [ʌn'lʌkɪ] - unglücklich
important [ɪm'pɔ:tnt] - wichtig
unimportant [ˌʌnɪm'pɔ:tnt] - unwichtig
right [raɪt] - richtig
wrong [rɔŋ] - falsch
far ['fɑ:] - weit
near [nɪə] - nah
clean [kli:n] - sauber
dirty ['dɜ:tɪ] - schmutzig

nice [naɪs] - nett
nasty ['nɑːstɪ] - gemein
pleasant ['pleznt] - angenehm
unpleasant [ʌn'pleznt] - unangenehm
excellent ['eksələnt] - ausgezeichnet

terrible ['terəbl] - schrecklich
fair [feə] - fair
unfair [ˌʌn'feə] - unfair
normal ['nɔːml] - normal
abnormal [æb'nɔːml] - anormal

Buchtipps

Das Erste Englische Lesebuch für Anfänger Band 1
Zweisprachig mit Englisch-deutscher Übersetzung
Niveaustufen A1 A2

Das Buch enthält einen Kurs für Anfänger und fortgeschrittene Anfänger, wobei die Texte auf Deutsch und auf Englisch nebeneinanderstehen. Die Motivation des Schülers wird durch lustige Alltagsgeschichten über das Kennenlernen neuer Freunde, Studieren, die Arbeitssuche, das Arbeiten etc. aufrechterhalten. Die dabei verwendete Methode basiert auf der natürlichen menschlichen Gabe, sich Wörter zu merken, die immer wieder und systematisch im Text auftauchen. Das zweite und die folgenden Kapitel des Anfängerkurses haben nur jeweils etwa dreißig neue Wörter. Die Audiodateien sind auf www.lppbooks.com/English/FirstEnglishReader_audio/ inklusive erhältlich.

Das Erste Englische Lesebuch für Anfänger Band 2
Zweisprachig mit Englisch-deutscher Übersetzung
Niveaustufe A2

Dieses Buch ist Band 2 des Ersten Englischen Lesebuches für Anfänger. Das Buch enthält einen Kurs für Anfänger und fortgeschrittene Anfänger, wobei die Texte auf Deutsch und auf Englisch nebeneinanderstehen. Die Audiodateien sind auf www.lppbooks.com/English/FirstEnglishReaderV2_audio/ inklusive erhältlich.

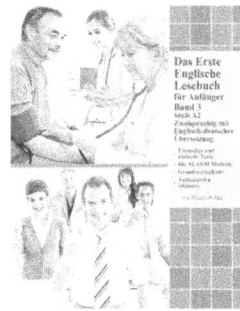

Das Erste Englische Lesebuch für Anfänger Band 3
Zweisprachig mit Englisch-deutscher Übersetzung
Niveaustufe A2

Dieses Buch ist Band 3 des Ersten Englischen Lesebuches für Anfänger. Das Buch enthält einen Kurs für Anfänger und fortgeschrittene Anfänger, wobei die Texte auf Deutsch und auf Englisch nebeneinanderstehen. Die Audiodateien sind auf www.lppbooks.com/English/FirstEnglishReaderV3_audio/ inklusive erhältlich.

Das Zweite Englische Lesebuch
Zweisprachig mit Englisch-deutscher Übersetzung
Niveaustufen A2 B1

Der Privatdetektiv ist hinter der Frau her, die er liebt. Ehemaliger Luftwaffenpilot, entdeckt er einige Seiten in der menschlichen Natur, mit denen er nicht zurechtkommen kann. Das Zweite Englische Lesebuch ist ein zweisprachiges Buch für die Stufen A2 B1. Neue Worte werden im Buch von Zeit zu Zeit wiederholt, dadurch können Sie sich leichter an sie erinnern. Die Audiodateien sind auf www.lppbooks.com/English/SecondEnglishReader_audio/ inklusive erhältlich.

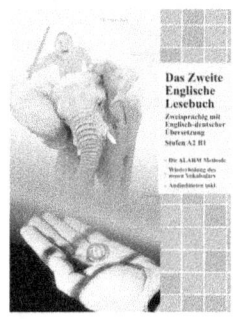

Das Erste Englische Lesebuch für Kinder und Eltern
Zweisprachig mit Englisch-deutscher Übersetzung
Niveaustufe A1

Mit dem ersten Kapitel gibt es Bilder und die ersten einfachen Vokabeln, aus welchen verschiedene Sätze gebildet wurden. Mit dem zweiten Kapitel kommen die nächsten Bilder und Vokabeln hinzu, bis im Laufe des Buches aus zusammengewürfelten Sätze, kleine Geschichten werden. Einfache Texte und ein ausgewählter und dosierter Grundwortschatz führen den Lernenden behutsam in die englische Sprache ein. Die Audiodateien sind auf www.lppbooks.com/English/DasErsteEnglischeLesebuchfurKinderundEltern/ inklusive erhältlich.

Das Erste Englische Lesebuch für Kaufmännische Berufe und Wirtschaft
Zweisprachig mit Englisch-deutscher Übersetzung
Niveaustufen A1 A2

Der Inhalt des Buches ist aufgeteilt in 25 Kapitel, die auf die Stufen A1 und A2 des gemeinsamen europäischen Referenzrahmen vorbereiten sollen. Dabei handelt es sich durchgehend um alltagstaugliches Material für Berufssituationen wie Telefonate, Besprechungen, Geschäftsreisen und Geschäftskorrespondenz. Die Übungen bauen logisch aufeinander auf, sodass die Texte allmählich komplexer werden. Die Audiodateien sind auf www.lppbooks.com/English/FirstBusinessReader/ inklusive erhältlich.

Das Erste Englische Lesebuch für Medizinische Fachangestellte
Zweisprachig mit Englisch-deutscher Übersetzung
Niveaustufen A1 A2

Bei diesem Lehrbuch handelt es sich um ein Lesebuch für medizinische Fachangestellte und Patientenbetreuung. Dementsprechend behandeln die Lektionstexte und Vokabeln auch Themen wie Patientengespräche, Diagnostik, die Beschreibung von Symptomen und vieles mehr, was man im Kontakt mit Ärzten und Patienten braucht. Die Audiodateien sind auf www.lppbooks.com/English/FirstMedicalReader/ inklusive erhältlich.

Das Erste Englische Lesebuch für Studenten
Zweisprachig mit Englisch-deutscher Übersetzung
Niveaustufen A1 A2

Das Buch enthält einen Kurs für Anfänger und fortgeschrittene Anfänger, wobei die Texte auf Deutsch und auf Englisch nebeneinander stehen. Die Dialoge sind praxisnah und alltagstauglich. Die dabei verwendete Methode basiert auf der natürlichen menschlichen Gabe, sich Wörter zu merken, die immer wieder und systematisch im Text auftauchen. Die Audiodateien sind auf www.lppbooks.com/English/SuG/ inklusive erhältlich.

Das Englische Lesebuch zum Kochen
Zweisprachig mit Englisch-deutscher Übersetzung
Niveaustufen A1 A2

Lernt man eine Sprache, hilft die Bekanntheit mit einem Thema, eine Verbindung zwischen zwei Sprachen herzustellen. Fünfundzwanzig Kapitel sind in Themen und Inhalte bezüglich Kochen und Nahrung gegliedert. Rezeptanleitungen, zusammen mit leichten Fragen und Antworten, zeigen den Gebrauch dieser Wörter und Sätze. Es könnte Ihren Appetit anregen oder Englischlernenden wie Ihnen helfen, ihre Kenntnis in einem bekannten Umfeld der Küche zu verbessern. Die Audiodateien sind auf www.lppbooks.com/English/DELKv1/ inklusive erhältlich.

Erste Englische Fragen und Antworten für Anfänger
Zweisprachig mit Englisch-deutscher Übersetzung
Niveaustufen A1 A2

Das Buch enthält viele Beispiele für Fragen und Antworten im Englischen. Die dabei verwendete Methode basiert auf der natürlichen menschlichen Gabe, sich Wörter zu merken, die immer wieder und systematisch im Text auftauchen. Sätze werden stets aus den im vorherigen Kapitel erklärten Wörtern gebildet. Die Audiodateien sind auf www.lppbooks.com/English/Englische_Fragen/ inklusive erhältlich.

Das Erste Englische Lesebuch für Familien
Zweisprachig mit Englisch-Deutscher Übersetzung
Niveaustufen A1 A2

Das Buch enthält eine Darstellung der englischen Gespräche des täglichen Familienlebens, wobei die Texte auf Englisch und auf Deutsch nebeneinander stehen. Die dabei verwendete Methode basiert auf der natürlichen menschlichen Gabe, sich Wörter zu merken, die immer wieder und systematisch im Text auftauchen. Sätze werden stets aus den im vorherigen Kapitel erklärten Wörtern gebildet. Die Audiodateien sind auf www.lppbooks.com/English/EELF inklusive erhältlich.

Thomas's Fears and Hopes
Plain Spoken English with Idioms
Bilingual for Speakers of German
Pre-intermediate Level B1

Thomas war zu seines Vaters Beerdigung nach Georgia heimgekehrt. Er wurde informiert, dass er das ganze Vermögen bekommen würde, denn er war ein Einzelkind. Da passierten einige Ereignisse, die ihm eine Furcht einjagten. Die Audiodateien sind auf www.lppbooks.com/English/PlainSpokenEnglish_audio/ inklusive erhältlich.

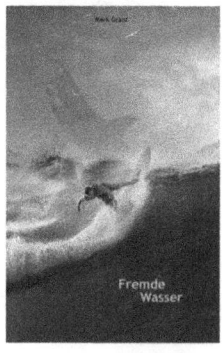

Fremde Wasser
Zweisprachig mit Englisch-deutscher Übersetzung
Stufe B2

Mitgründer eines Zwei-Mann-Unternehmens zu sein hat seine Vor- und Nachteile. Das kalte Wasser der Selbsttätigkeit ist aber nicht für jedermann geeignet. Die Audiodateien sind auf www.lppbooks.com/English/BusinessStartupEndeavor_audio/ inklusive erhältlich.

Das Erste Touristische Lesebuch für Anfänger
Zweisprachig mit Englisch-Deutscher Übersetzung
Niveaustufe A1

Das Lesebuch ist ein Kurs für Anfänger, wobei die Texte auf Deutsch und auf Englisch nebeneinanderstehen. Es ist der ideale Begleiter für alle, die Sprachen unterwegs lernen wollen. Das Buch enthält am häufigsten gebrauchten Wörter, einfache Sätze und Redewendungen, um sich schnell zu verständigen. Sätze werden stets aus den im vorherigen Kapitel erklärten Wörtern gebildet. Die Audiodateien sind auf www.lppbooks.com/English/ETLA inklusive erhältlich.

Who lost the money? Wer verlor das Geld?
First English Reader for Beginner and Elementary Level
Das Erste Englische Lesebuch für Stufen A1 A2
Zweisprachig mit Englisch-Deutscher Übersetzung

Der erste Teil des Buches erklärt mit Beispielen den grundlegenden Satzbau der englischen Sprache, wobei die Texte auf Englisch und auf Deutsch für einen leichteren Einsicht nebeneinander stehen. Der zweite Buchteil stellt einen Krimi dar. Die dabei verwendete Methode basiert auf der natürlichen menschlichen Gabe, sich Wörter zu merken, die immer wieder und systematisch im Text auftauchen. In der Anlage finden Sie die Liste der 1300 wichtigsten Wörter. Die Audiodateien sind auf www.lppbooks.com/English/WLM inklusive erhältlich.

Unexpected Circumstance
Zweisprachig mit Englisch-Deutscher Übersetzung
Niveaustufe B2

Die forensische Wissenschaft war eine von Damien Morins Leidenschaften. Inzwischen betraf das erste wirkliche Verbrechen, dass er untersuchte, seine eigene Vergangenheit. Die Audiodateien sind auf www.audiolego.com/English/Lopez/ inklusive erhältlich.

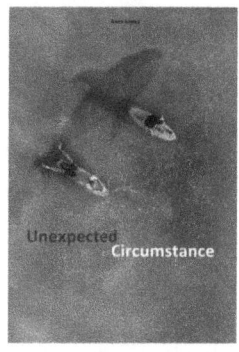

www.ingramcontent.com/pod-product-compliance
Lightning Source LLC
Chambersburg PA
CBHW080340170426
43194CB00014B/2631